Havanna

Für Sévan und seinen Großvater

Deutsche Übersetzung: Christian Melzer, Christoph Wolters
Fotos: Mattieu Prier, außer Seite 6, 7 (Daniel Boschung)
Die französische Originalausgabe
ist unter dem Titel L'UNIVERS DU HAVANE bei Solar,
Paris erschienen.

Satz: Hallwag AG
Druck und Bindung in Spanien

ISBN 3-444-10474-X

Hallwag

Gérard Père et Fils

Havanna

Die Königin der Zigarren

Fotos von Matthieu Prier

Hallwag Verlag Bern und Stuttgart

Übersicht

Vorwort	6
Ode auf den Geschmack	8
Bolivar	12
Especiales	16
Cohiba	18
Double Corona	24
La Flor de Cano	26
La Gloria Cubana	30
Churchill	34
Hoyo de Monterrey	36
Lonsdale	42
H.Upmann	44
Juan Lopez	48
Gran Corona	52
Montecristo	54
Corona	60
Partagas	62
Robusto	68
Punch	70
Quai d'Orsay	76
Petits Corona	80
Rafael Gonzalez	82
Ramon Allones	86
Très Petits Corona	90
El Rey del Mundo	92
Romeo y Julieta	96
Gran Panetelas	102
Saint Luis Rey	104
Figurados	108
Sancho Panza	110
Cigarritos und Panetelas	114
Anderen Provenienzen	116
Entschwunden und Verschollen	120
Vergessene Grössen	124
Ziggarenlegenden	128
Gesuchte Raritäten	132
Außer Programm	136
Epilog	138
Inhaltsverzeichnis	142

Vorwort

*H*avanna, das bedeutet eine ganze Welt, ja ein ganzes Universum. Ein Universum von solchem Reichtum, daß es, wie alles, was Lebenskunst und Gaumenfreuden betrifft, ein wenig Aufmerksamkeit und Kultur verdient, um voll ausgekostet zu werden.

Deswegen wollten wir die Arbeit, die wir vor einigen Jahren begonnen haben, weiterführen. Damals behandelten wir mehr die technischen Aspekte; dieses Werk ist darüber hinaus eine Huldigung ihrer unvergleichlichen Ästhetik.

Erste Forderung ist deshalb, das Hauptaugenmerk auf die Schönheit der Zigarre zu legen. Der Liebhaber findet deshalb die Zigarren in Naturgröße abgebildet, zumindest auf den Seiten, die die Produktpalette der einzelnen Marken vorstellen.

Zweite Forderung: Jegliches Fachchinesisch ist zu vermeiden, so daß Einsteiger wie eingefleischte Kenner gleich gut zurechtkommen. Wir gestatten uns lediglich eine Ausnahme bei der Beschreibung des Geschmacks einer Zigarre während des Brandverlaufs – und das betrifft die Begriffe «Heu» für das erste Drittel, «das Herrliche» für das zweite und «das Konzentrierte» für das dritte.

Zum Schluß dürfen wir nicht vergessen, daß die Wertungen, die wir abgeben, nur Zigarren betrifft, die mit größter Sorgfalt aufbewahrt wurden und überdies optimale Bedingungen in der Herstellung, Reifung und der Qualitätsentwicklung genossen haben.

Und nun lassen wir uns durchdringen und umströmen von der Großzügigkeit unseres Themas ...

Ode auf den Geschmack

Man sagt nicht mehr «eine Zigarre rauchen», sondern «eine Havanna genießen». Darin liegt viel mehr als nur eine sprachliche Nuance: Tatsächlich erkennt man darin die Entwicklung der Liebhaber in den letzten Jahren. So wie man gelernt hat, Speisen und Weine zu kombinieren, sorgfältig die besten Jahrgänge auszuwählen je nach dem Menu, zu dem sie gereicht werden sollen, so bereitet man sich vor, eine Havanna zu verkosten. Es ist wie die Vorbereitung auf ein Ritual: Lange vorher denkt man nach über das, worauf man wirklich Lust hat, über wieviel Zeit man verfügt, an welchem Ort man zu Werke gehen wird ... anders ausgedrückt: Die Zigarre ist eine Feinschmecker-Angelegenheit geworden, ein Objekt der Neugierde, des Stils und des Glücksgefühls.

Wie alle großen Genußmittel spricht die Havanna alle unsere Sinne an: das Auge, das die Tönung des Deckblattes, dessen Qualität und Ausführung schätzt; den Tastsinn, der die Geschmeidigkeit und den Nerv, das heißt die Lebensdauer einer Zigarre wertet; den Geruchssinn, der die erdigen, fruchtigen oder würzigen Duftkomponenten errät, die sich vollständig erst im Brandverlauf entwickeln; das Gehör, welches das Knistern der Glut genießt und so das Leben der Zigarre gewissermassen hört ... Und schließlich, höchste Lust, den Geschmackssinn, der mit der Havanna einen seiner beglückendsten Wege beschreitet ...

In der Tat läßt sich sagen: In dem Maße, wie der Feinschmecker die Weine besser kennenlernte, so hat er sich auch der Havanna genähert, Stück für Stück die unzähligen Reichtümer dieser Welt entdeckend. Nach und nach schärfte sich sein Geschmack, wurde differenzierter. Er wählt heute im ganzen Spektrum der Geschmacksnuancen ausgefeiltere Aromen als früher. So wie er schwere oder sehr gerbstoffreiche Weine beiseite ließ, erwartet er jetzt von einer Havanna mehr als nur Kraft und Wärme. Er möchte den Geschmack an die Tages- und Jahreszeit, aber auch an seine augenblickliche Stimmung anpassen können. Sein Gaumen ist zu jenem wunderbaren Werkzeug geworden, das ihn befähigt, die subtilsten Nuancen zu schmecken. Keine Rede mehr davon, sich jetzt noch mit plumpen oder zumindest in der Komplexität mangelhaften Empfindungen zufriedenzugeben.

Ähnlich entwickelte sich die Geschichte des Geschmacks! Großmutters Kochkünste haben einer leichteren, feineren Küche Platz gemacht. Genauso bevorzugt der Havanna-Liebhaber von heute andere Düfte, andere Geschmäcker als der von gestern. Er neigte ehedem zu starken, durchdringenden Eigenschaften, die deutliche Spuren in seiner Umgebung hinterließen, nun aber tendiert er mehr zu abgerundetem, opulentem, bequemerem Genuß, mit Vorlieben für erdige,

Die Zigarre ist eine Feinschmecker-Angelegenheit geworden, ein Objekt der Neugierde, der Bildung und des Glücksgefühls.

aufgeblühte Düfte. Gerade diese Wandlungsfähigkeit, diese Vergänglichkeit ist ein treues Abbild der Havanna selbst, darin liegt ihr Charme. Vergleichbar einem großen Wein ist eine große Zigarre die Frucht vereinter Anstrengungen, fieberhaften Wartens, hartnäckiger Arbeit. Als handwerkliches Produkt muß sie ständig den Tücken des Klimas, des Bodens... und des menschlichen Irrtums aus dem Wege gehen. Eine Zigarre programmiert man nicht: man träumt sie. Jedesmal ist es ein Wunder. Sicher, ein wiederholbares Wunder, aber niemals ein vorsehbares. Und genießt man sie nicht gerade darum mit Hingabe und Respekt?

*D*erlei Gedanken gingen also der Konzeption diese Werkes voraus. Es soll unter dem Motto «Lebenskunst» das Tor zum Zauber der Havanna öffnen. Wir folgen einer Reise, die uns vom allgemeinen Bau der Zigarre über Eigentümlichkeiten ihres Körpers, ihres Aromas, ihres Geschmackes bis hin zu ihrer Textur, ihrer Farbe und ihrer erstaunlichen Formenvielfalt führt. In Gedanken an berühmte Vorgänger und große Schöpfer eröffnet sich uns eine abwechslungsreiche und abenteuerliche Welt – eine Welt der Schönheit, der Harmonie und der Leidenschaft.

Bolivar

Die Bolivar ist weniger bekannt, als sie es aufgrund ihrer Qualität verdienen würde. Doch die Freunde dieser Marke sind auch ihre eifrigsten Verfechter. Sehr geschickt hat sie in den vergangenen Jahren ihr Angebot zu erweitern verstanden und die Auswahl an Aromen und Geschmacksrichtungen vervollständigt. Zeuge hierfür ist die genußvolle Royal Corona, perfekt an das heutige Empfindungsvermögen angepaßt.

Unter einer eher klassischen Linie präsentiert sich also eine erstaunlich breite Vielfalt des Geschmacks, vom feinsten bis zum kräftigsten. Auch wenn die treuesten Anhänger der Bolivar weiterhin das trockene, erdige, mit einem Hauch von Gewürzen versehene Aroma vorziehen, das dieser Zigarrenfamilie ihr Gesicht verlieh.

AM VERFÜHRERISCHSTEN SIND: die Coronas Gigantes in der Kabinettkiste, die Royal Corona, die Petit Coronas, die Belicosos Finos, wegen ihrer Eleganz im Mund, und die Coronas Extra, wegen ihrer Fülle.

ROYAL CORONA (Robusto)
*Im Kontrast zu den anderen Bolivar-Zigarren entwickelt diese ein volles,
holziges Aroma, doch frei von jeglicher Aggressivität. Die betonte Würze
verführt, um so mehr als ihre gute Subtilität ganz im Stil der Zeit liegt.*

PETIT CORONAS (Petit Corona)
*Durch eine seltene Freimütigkeit behauptet sich diese Petit Corona schon nach den
ersten Zügen: Ihre reiche, würzige und holzige Note zeigt sich auf sehr direkte,
akzentuierte Weise. Selbst während des Brandes bleibt ihre Feingliedrigkeit gleich-
mäßig erhalten. Für Kenner, die sich gerne ein wenig überrumpeln lassen.*

CORONAS GIGANTES (Churchill)
*Die Churchill zeichnet sich durch ihren Reichtum und ihre Fülle aus und durch die Komplexität ihres dichten Aromas, das besonders
harmonisch auf einem erdig-würzigen Register spielt. Im ersten Drittel weich, geht sie dann in einen raffinierteren und saftigen Geschmack über.*

ESPECIALES (Gran Panetela)
*Eine äußerst seltene Zigarre, die mit feinen, raffinierten Aromen in einem frischen, leicht süßen und mit saftigen Gewürzen hervorgehobenen
Geschmack gipfelt. Der Mischung zwischen Vanille und Holz fehlt es nicht an Eleganz.*

INMENSAS (Lonsdale)
*Sie ist eine Zigarre für Anhänger der traditionellen Havanna: sehr kräftig und würzig, herb bis streng trotz eines leichten und sehr regel-
mäßigen Brandes. Ein charaktervolles Objekt, reserviert für den (sehr) erfahrenen Kenner.*

LONSDALES (Lonsdale)

Diese Lonsdale ist recht eigentümlich, denn ihr sehr grüner Duft vermittelt den Eindruck einer noch nicht abgeschlossenen Reife; das um so mehr, als er sich zu erdigem und leicht teigigem Geschmack entwickelt. Die Lonsdales hat eine sehr regelmäßige Verbrennung, und man sollte sie in kleinen Zügen genießen.

GOLD MEDAL (Lonsdale)

Heute als Sammlerstück angesehen, ist sie tatsächlich sehr schwer zu finden. Die Gold Medal zeichnet sich durch aromatischen Reichtum und Breite aus. Ihr erdig-würziger Duft bleibt lange in der Luft hängen, so daß sie zu den großen Bolivar-Klassikern zählt. Nur mit Sachkenntnis zu rauchen, sollte sich die Gelegenheit dazu einmal ergeben.

BELICOSOS FINOS (Figurado)

Von den Torpedo-Liebhabern wird dieses kleine Wunder wegen seines verwirrenden Geschmackes geschätzt: Auf die Frische der ersten Augenblicke folgt ab dem zweiten Drittel eine sehr komplexe Blume mit einer betörenden Mischung aus Früchten und Gewürzen, die an exotische Märkte erinnert. Ein ausgezeichneter Figurado.

CORONAS EXTRAS (Gran Corona)

*Nebenstehend: im Kabinett
Darunter: in der Kiste
Von den Bolivar-Zigarren die typischste ...
Sehr stark, würzig und erdig, braucht diese feste und feine Gran Corona eine lange Reifezeit, um ihr volles Volumen zu erreichen. Die stetige, aber langsame Verbrennung verstärkt die «muskulöse» Seite vor dem explodierenden Finale, das ausgezeichnet zu reichhaltigen Menus paßt: Wildgerichte, traditionsreiche Küche usw.*

Die Especiales

*W*ie schon der Name sagt, handelt es sich um spezielle Formate, deren Länge 23,5 bis 24 cm und mehr erreichen kann und deren üblicher Durchmesser um 1,9 cm schwankt. Diese königlichen Havannas sind prächtige Preziosen, denen einzig ihre Seltenheit und die Tatsache, daß sie nur rund vorkommen, gemeinsam ist. Andere Formate gibt es in beiden Formen – rund und eckig –, je nachdem, ob sie in Kiste oder Schachtel auf den Markt kommen. Diese Ausnahmestücke werden aber tatsächlich nur rund produziert. Dies scheint auch eine entscheidende Rolle im Hinblick sowohl auf den Geschmack und seine Länge als auch auf ihre Weichheit zu spielen. Wir selbst, und das ist unsere ganz persönliche Meinung, glauben jedoch nicht, daß in einer Schachtel das enge Anliegen der Zigarren und der darausfolgende Sauerstoffmangel den Eigengeschmack der Zigarre ernsthaft beeinträchtigen kann; aber zweifellos fügt sie eine einschneidende Note hinzu, die unbestreitbar nachteilig für ein Produkt solcher Qualität ist. Welches auch immer ihre Geschmacksrichtungen sein mögen, die Especiales haben ihren Pluspunkt in der perfekten Gestalt, die einen sachten Brandbeginn gestattet und ein langsames Entfalten der Aromen begünstigt. Ein übermäßig kompakter Körper käme einem Handicap gleich, das den Zug behindern und gleichzeitig den abgerundeten Duft vermindern würde. Aber so schön geformt und saftig, wie man sie sich nicht besser wünschen kann, bleibt diese Zigarre der ideale Begleiter großer Augenblicke und Festtage.

Von oben nach unten:
Fabulosos von Romeo y Julieta,
Sanchos von Sancho Panza,
Diademas Extra von Punch, Montecristo A,
Particulares von Hoyo de Monterrey.

Cohiba

*W*ir müssen diese große Zigarrenfamilie mit dem mythischen Namen, die seit ihrer Gründung Ende der 60er Jahre soviel von sich reden machte, nicht mehr vorstellen. Beweihräuchert von den einen, heruntergezogen von den anderen, genießt sie doch einen beachtlichen Erfolg – schon nach der großen Zahl von Fälschungen zu urteilen!

*E*ine junge Marke also, die wohl ihr Publikum gefunden hat, obwohl es über die angebotene Auswahl geteilter Meinung ist. Nichtsdestoweniger wird sie ihre Position noch verstärken mit der Linea 1492, bestehend aus den Siglo I, II, III, IV und V. In der Tat bietet Cohiba von der Très Petit Corona Siglo I bis zur Churchill Esplendidos heute eine bemerkenswerte Vielfalt an reichen und ausgefeilten Geschmacksvariationen an, wobei sie sich besonders an bewährte Liebhaber richtet.

AM REIZVOLLSTEN SIND: die Esplendidos – mit Tenorallüren, die Robustos – mit Baritonstimme und die Siglo V – eine wahre Diva unter den Havannas.

ROBUSTOS (Robusto)

Komplexe Mischung von Nelke, Holz und Weinaroma, so ist diese opulente Zigarre ein leichter Stoff, deren reicher, bequemer und breiter Geschmack gut am Gaumen verweilt. Dieses kleine Juwel hat nur einen einzigen Fehler: es fehlen ein paar Zentimeter. Aber dies macht auch ihren Charme aus, indem es sie zur «Gesellschaftszigarre» macht.

CORONAS ESPECIALES (Corona)

Diese köstliche Havanna mit dem blumig-holzigen, milden Aroma wird vor allem durch ihre Frische charakterisiert.
Sie ist leicht zu rauchen und stellt eine ausgezeichnete Einstiegs-zigarre dar für Neulinge, die nach einem raffinierten Geschmack suchen.

LANCEROS (Gran Panetela)

Ihre beste Stunde hat bereits geschlagen, und die Liebhaber sind ihren dezent-blumigen Duft, der großen Geschmacksreichtum ankündigt, langsam leid geworden. Man muß auch sagen, daß ihre – zuweilen ermüdende – Dichte ihrem Charme hat schaden können. Nichtsdestotrotz gehört die Lanceros unbe-streitbar zur Kategorie der großen Zigarren, die es verstehen, Eleganz und Geschmack zu vereinen.

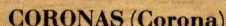

CORONAS (Corona)
Die Ausgeglichenheit ihres Duftes, die Vielfalt und Komplexität ihres Aromas trugen ihr nur ein kurzes Gastspiel in der Welt der Cohiba ein. Aber sie wurde bald durch die Siglo III ersetzt, deren Geschmack mehr in der Linie des Hauses liegt.

 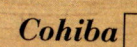

ESPLENDIDOS (Churchill)
Als Urvater der Cohiba anzusehen, hat sich die Esplendidos rasch einen Namen bei den Liebhabern großer Formate gemacht. Ihr reichhaltiger, kräftiger Geschmack und das würzige Aroma stufen sie tatsächlich in die erste Reihe der bemerkenswertesten Vertreter der Churchill-Familie ein. Der dichte und opulente Duft wendet sich vor allem an versierte Kenner. Lang im Mund, ist die Esplendidos eine ausgezeichnete Abendzigarre, die wunderbar ein gutes Abendessen begleitet.

EXQUISITOS (Panetela)
Diese kleine Zigarre reifen und harmonischen Geschmacks ist einfach zu genießen. Sie gehört zur Kategorie von Havannas mit raschem Brandverhalten (ca. 20 min) und ist eher für Gelegenheitsraucher bestimmt.

SIGLO V (Lonsdale)
Eine schöne Zigarre von sehr klarer Linie, die aufgrund ihrer Ausgeglichenheit an die Lonsdales im Kabinett aus dem Hause Partagas erinnert. Ihr reicher und würziger Geschmack jedoch bietet mehr Schärfe und weniger Holziges als ihre Schwestern. Ihr warmer Duft erinnert an nasse Erde. Sicherlich ist sie ein Kleinod dieses Formates.

SIGLO I (Très Petit Corona)
Dieses kleine Maß ist in seiner Art ein sehr großer Erfolg: Es bietet einen zeitgemäß relativ schnellen, gleichmäßigen Brandverlauf, der sowohl die kurzen Augenblicke der Entspannung als auch den Aperitif begleitet. Ihr reiches, leicht würziges Aroma macht sie zu einer im Geschmack vordergründigen Zigarre, die ein wenig auch den Damen gefällt.

SIGLO II (Petit Corona)
Die Stellung dieser Siglo II zwischen dem großen Anspruch der Cohiba-Familie und der Masse der Petits Coronas ist sicherlich nicht einfach. Sie zieht sich jedoch recht gut aus der Affäre; ihr dichter, leicht würziger, durch holzige Noten unterstrichener Geschmack weist ihr einen exklusiven Zug zu, der sie unbestreitbar den Charakterzigarren zuweist.

SIGLO IV (Gran Corona)
*Mit dieser Zigarre kommen wir zur
Palette der großen Formate, in
denen das Haus Cohiba brilliert.
Die Siglo IV entwickelt einen an
Ambra und Moschus erinnernden
Duft und eine elegante Verbin-
dung leicht pfefferiger Aromen.
Trotzdem ist sie vollmundig und
ausgeglichen.*

Cohiba 23

SIGLO III (Corona)
*Ein würdiger Nachfolger der Coronas. Diese Zigarre
mit dem stark ausgeprägten Geschmack, perfekt
in der Siglo-Linie liegend, erweist sich uns als
klassische, aber nicht zu Kopf steigende
Havanna. Ihre schöne Länge macht
nicht den geringsten ihrer Reize aus.*

Die Doubles Coronas

Sie sind – natürlich mit Ausnahme der Especiales – die größten Zigarren, die man auf dem Markt finden kann: über 19 cm lang und etwa 2 cm im Durchmesser. Seit ihrer Einführung in den 70er Jahren werden sie als die Kaiser der Havannas angesehen und sind Gegenstand eines regelrechten Kultes unter den Kennern. Wie jedes Spitzenprodukt ist die Zahl der Doubles Coronas beschränkt; sie enthält nur mit größter Sorgfalt ausgewählte Rohstoffe und gehorcht sehr strengen Fertigungsprinzipien.

Auch wenn es nicht ausgeschlossen ist, daß diese enge Gruppe ihren Kreis eines Tages erweitert – einige Häuser verdienen es bereits jetzt, diesem sehr geschlossenen Club anzugehören –, so sind zur Stunde nur Partagas, Punch, Hoyo de Monterrey, Saint Luis Rey und Ramon Allones in der Lage, dieses Format in ihrem Katalog aufzuführen.

Die Doubles Coronas sind Zigarren von außergewöhnlichen Dimensionen, deren in den ersten Momenten etwas unnahbare Subtilität rasch einer außergewöhnlichen Zugänglichkeit Platz macht. Besonders hervorzuheben sind die auffallend starke Dichte und Cremigkeit des Buketts, wo sich Blumen mit Gewürzen mischen und so auf köstliche Weise trunken machende Stimmungen auslösen.

Von oben nach unten:
Double Coronas von Punch,
Prominente von Saint Luis Rey,
Lusitanias von Partagas,
Double Coronas von Hoyo de Monterrey,
Coronas Gigantes von Ramon Allones.

La Flor de Cano

Seit den 80er Jahren hat sich diese junge Marke durch die hervorragenden, handgemachten Zigarren, die aus qualitativ hochwertigen Rohstoffen hergestellt werden, einen guten Ruf erworben. Die Flor de Cano entspricht genau dem heutigen Geschmack und bezaubert durch ihren milden, leichten Charakter ein breites Publikum junger Liebhaber, die eine Havanna für den Tag suchen.

Diese kleine Auswahl ganz spezieller Verführerinnen hat also einen festen Platz in unseren Kellern. Ihr einziger «Nachteil» liegt in der tröpfelnden Produktion, die eines Tages zu ihrem Verschwinden führen könnte. Unnötig zu sagen, daß sich die Havanna-Welt schwierig über einen solchen Verlust hinwegtrösten ließe.

DIADEMAS (Churchill)
*Diese diskrete, süßlich aromatische Zigarre
ist wegen ihrer leicht holzigen Frische sehr
zugänglich und daher besonders angenehm
an Sommernachmittagen zu rauchen.
Irgend etwas wird jedoch immer fehlen –
Kraft, Körper, Länge –, um sie zu den
Großen zählen zu können.*

CORONAS (Petit Corona)
*Die kleinste der Familie La Flor de Cano ruft oft die Erinnerung an die erste gerauchte
Zigarre wach: diskret ist sie und harmonisch. Sie richtet sich vor allem an die Anfänger – und
in der Tat wagen viele mit ihr die ersten Schritte ins Havanna-Gebiet. Im Gegensatz zu dem,
was der Name vermuten läßt, ist die Coronas eine Petit Corona, deren ausgeglichene Linie
und schöne Eleganz holzige und frische Aromen ankündigt. Ihre Leichtigkeit im Zug hat
daher mehr als einen Gaumen erobert.*

GRAN CORONA (Gran Corona)
Mild und voll zugleich überzeugt diese angenehme Zigarre nicht durch ihre Stärke, sondern durch ihre Geschmeidigkeit. Zu bemerken ist auch das Ebenmaß ihres Brandes, der das Honigaroma konstant bis zum leicht nuancierten Schluß entwickelt und der Empfindung einen Hauch von Adel verleiht.

SHORT CHURCHILLS (Robusto)
Dieses sympathische Pausbäckchen zeichnet sich durch die unmittelbare Großzügigkeit der Aromatik aus. Vielleicht ist sie sogar ein wenig zu reichhaltig, da die Short Churchill allen Geschmack schon im ersten Drittel preisgibt. Ihre an die Liebhaber vollen Geschmackes angepaßte Gestalt und ihre gemischten Aromen machen sie zu einer ausgezeichneten Robusto, die auch gut für Einsteiger zugänglich ist.

La Gloria
Cubana

Dieses Haus ist deswegen so bemerkenswert, weil es eine Standardaus-
wahl an Produkten völlig verschiedener
Maße bewahrt hat – was die Médaille
d'Or No 2 bezeugt. Während eine große
Anzahl von Marken zu Mittelformaten
übergegangen sind, hat La Gloria Cubana die ihren nicht verändert.

Im Lauf der Jahre hat diese Zigarrenfamilie die Liebhaber auf der
Suche nach betontem – jedoch nicht
aggressivem – Geschmack und großzügigem Aroma um sich geschart,
wobei sie sich deutlich von den würzigen Attributen der Partagas unterscheidet, mit der La Gloria Cubana eng
verbunden bleibt.

AM SCHÖNSTEN SIND: die Tainos
und La Gloria No 2 – unbestreitbar
die Vollblüter in diesem Rassestall –
und La Gloria No 1, prächtiger Zucht-
hengst, voller Vitalität und Feinheit.

TAINOS (Churchill)
*Diese echte Churchill ist im Kreise von
La Gloria Cubana ein Sonderling. Nicht nur
der Geschmack liegt nicht ganz in der Linie
des Hauses, sondern auch ihre Präsentation.
Die flache Schachtel zu 10 Stück verleiht
ihr eine unverwechselbare Visitenkarte. Auch
wenn ihr reicher und differenzierter Geschmack weniger kräftig ist als bei der No 2,
so bleibt diese Zigarre schöner Konstitution
ein großartiger Begleiter nach dem Abendessen. Dann entfaltet sich im regelmäßigen
Brand ihre ganze Fülle.*

MÉDAILLE D'OR No 1 (Gran Panetela)
Eine elegante Zigarre – etwas dünner als ihre Schwestern dieses Formates und trotzdem von ausgezeichnetem Brand – selten in diesem Format –, der würzige und holzige Aromen freisetzt. Der akzentuierte, im letzten Drittel leicht aggressive Geschmack wird erfahrene Kenner, die auf der Suche nach einem besonderen Abschluß eines Abends sind, bezaubern.

32

MÉDAILLE D'OR No 4 (Gran Panetela)
Häufig mit einer Corona verglichen, sticht diese Zigarre durch aromatische Frische hervor. Frei von Komplikationen, verführt sie durch florale und honigähnliche Aromen, öffnet und erklärt sich besonders dem Anfänger. Sie ist eine vorzügliche Tageshavanna mit ihrem Platz nach dem Frühstückscafé oder zum Aperitif.

MÉDAILLE D'OR No 3
(Panetela)
Sie ist eine elegante Schöpfung, eine Panetela reinster Linie. Noch mehr, entgegen allen Befürchtungen beeinträchtigen ihre Feinheit und Länge nicht den von Anfang bis Ende ebenmäßigen Brand. Das berauschende Aroma entwickelt sich auf den zwei ersten Dritteln, in einem konzentrierten Finale mündend. Häufig den Damen empfohlen, paßt die Médaille d'Or No 3 auch zu Liebhabern von Aperitif-Zigarren.

MÉDAILLE D'OR No 2
(Churchill)
In einer lackierten Kiste, identisch mit der 8-9-8 Partagas, präsentiert, unterscheidet sich die Médaille d'Or No 2 deutlich durch ihren Kakaoduft. Weitere Gemeinsamkeit: die Verteilung in drei Lagen (8-9-8), die das Aroma ebensogut entfaltet wie die Kabinettkiste. Hierzu kann man sich nur beglückwünschen, da die im Mund entfalteten Noten einen holzigen und leicht würzigen Geschmack entwickeln, die den Gaumen perfekt stimulieren und herrlich homogen sind; weder aggressiv noch nervös, reiht sich diese Churchill in die große Tradition der Havanna ein.

Die Churchills

Winston Churchill ist sicherlich eine der großen Gestalten der Havanna. Er trennte sich – wie man sagt – niemals von seiner Zigarre und verdiente es deshalb sehr wohl, daß man zu seinen Ehren sein Lieblingsmaß nach ihm benannt hat. Dieses wunderbar ausgewogene Format – traditionellerweise 17 cm und mehr in der Länge auf einen Durchmesser von 1,7 bis 1,9 cm – war lange Zeit das Erbteil einer sehr begrenzten Zahl von Marken; aber nach und nach erschien auf dem Markt ein bemerkenswert nuancierter Fächer von Churchills, die vom mildesten Duft bis zu den kräftigsten Aromen reichen. Doch diese durch Größe und Durchmesser imposante Zigarre liegt nicht jedem, obwohl ihr Geschmackskatalog sie zum idealen Begleiter der verschiedensten Gerichte macht – ohne zu erwähnen, daß sie auch ein ausgezeichneter Partner bei der Arbeit sein kann. Tatsächlich hat die Churchill einen ganz speziellen Charme: Sie liegt gut in der Hand, hat eine sehr maskuline Linie, bezaubert auf den ersten Blick, noch bevor sie gekostet wird. Ein Dutzend Häuser bieten dieses Format an, dabei bilden Hoyo de Monterrey, Partagas, Punch und Romeo y Julieta mit drei sehr unterschiedlichen Churchill-Typen die Trumpfkarten. Nicht zu vergessen die Marken Bolivar, Cohiba, La Flor de Cano, La Gloria Cubana, Quai d'Orsay, El Rey del Mundo, Saint Luis Rey und Sancho Panza.

Links im Bild:
Coronas Gigantes von Bolivar,
Churchills von Saint Luis Rey,
Churchills von Hoyo de Monterrey,
Esplendidos von Cohiba,
Sir Winston von H. Upmann,
Monarchs von H. Upmann (Aluminiumhülse),
Diademas von La Flor de Cano.

Rechts im Bild:
Coronas Gigantes von Sancho Panza,
Tainos von El Rey del Mundo,
Prince of Wales von Romeo y Julieta,
Churchills de Luxe von Partagas,
Tainos von La Gloria Cubana,
Churchills von Romeo y Julieta,
Monarchs von H. Upmann,
Churchills von Punch.

Hoyo de Monterrey

Die Geschichte dieser Familie könnte man so zusammenfassen: Ein guter Tabak trifft eine gute *fabrica* – eine Begegnung, die die Geburtsstunde wunderbarer Zigarren bezeichnet, deren Mischungsgeheimnis eifersüchtig von dem Schöpfer dieses Erfolges bewacht wird. Die Besonderheit dieser Marke ist es in der Tat, milden und aromatischen Geschmack anzubieten, in dem sich süßer Duft mit blumigem Ambiente auf sehr komplexe, homogene Weise mischt und dabei auf stark betonte Würzigkeit verzichtet. Zahlreich sind die Liebhaber, die mit Hoyo de Monterrey eingestiegen sind; bestimmt wegen ihrer «einfachen» Seite, ihres frischen Geschmacks, ihres regelmäßigen Brandverlaufes – Epicure No 2 und Short Coronas –, bevor sie komplexere Erlebnisse entdeckten – beispielsweise die Hoyo des Dieux.

Die Serie Hoyo, gegründet in den sechziger Jahren, der ihr Publikum seit zwanzig Jahren die Treue hält, komplettiert die Palette von Hoyo de Monterrey. Außer der Gran Corona Le Hoyo des Dieux umfaßt sie die Corona Le Hoyo du Roi, die Petit Corona Le Hoyo du Prince, die Panetela Le Hoyo du Gourmet und die Très Petit Corona Le Hoyo du Député.

CHURCHILLS (Churchill)
*Ihr opulenter Duft, fett und frisch zugleich, trägt viel zu deren
Feinheit bei. Die langsame, jedoch großzügige Entwicklung kleidet
den Gaumen perfekt aus, dabei läßt sie einen köstlichen, leicht
salzigen Nachgeschmack zurück. Eine große Dame des Formates
Churchill.*

DOUBLE CORONAS (Double Corona)
*Angesehen als eine der mildesten dieses Formates, bezaubert
diese Double Còrona in erster Linie durch ihren dezenten
Vanille- und Honigduft. Begleiter großer Tafeln und besonders
der feinen Nouvelle Cuisine, wird diese Havanna schöner Gestalt
erst durch die Qualität der ihr vorausgereichten Speisen und
Weine in Szene gesetzt. Ihre perfekte Machart erlaubt es, durch-
gehend ihre Milde im Gaumen zu spüren und ihr ausgeglichenes
Aroma voll zu genießen, das praktisch vom Anfang bis zum
Schluß identisch bleibt.*

PARTICULARES (Especial)
*Sehr fein im Geschmack und erstaunlich diskret für ihre Größe, setzt sich die
Particulares als die am leichtesten zugängliche der Especiales durch. Ihr
Geschmack wird im Laufe der Drittel geschmiedet, der im Rauchverlauf
sowohl die Anreicherung als auch die bemerkenswerte Beständigkeit des
Aromas unterstreicht. Trotz eines ersten trügerischen Eindrucks – dem matten,
etwas staubigen Duft fehlt es an Persönlichkeit – bietet dieses Großformat
dem Gaumen angenehm frische Noten, die es vorwiegend für schöne Som-
mernächte bestimmen.*

ÉPICURE No 1 (Gran Corona)
In den 80er Jahren ist diese Epicure aus
der Anonymität herausgetreten und hat
sich allmählich durch ihre Frische, Einfachheit und ihr fruchtiges Honigbukett, dem es
nicht an Reiz mangelt, einen Platz erobert.
Als angenehme Tageszigarre begleitet sie
auch nachdenkliche oder meditative
Augenblicke sehr gut.
Vorsicht jedoch: Ihr leichter und völlig
gleichmäßiger Brand kann den zerstreuten
Raucher dazu verleiten, das Ziehen an
seiner Zigarre zu vergessen ...

SHORT CORONAS (Petit Corona)
Dieses kleine Charakterobjekt stellt eine
perfekte Ergänzung zur großen Linie
dieses Formates dar. Leicht zugänglich
zwischen Honig und Blumen, liegt die
Betonung auf den holzigen Noten. Ganz
ohne Gewürze, zeichnet sie sich durch
abgerundetes Aroma und Geschmack aus.
Alles in allem ein netter Kerl!

ÉPICURE No 2 (Robusto)
Dieser sympathische kleine Knirps bot vielen
Anfängern die Gelegenheit, die erste Robusto
zu kosten. Das blumige Bukett, hervorgehoben durch eine Prise Gewürzkuchen, öffnet
sich auf frische, trockene und recht unerwar-
tete, dennoch sehr angenehme Noten. Ein
wenig kurz für den Nachmittag, wird sie
dagegen ideal sein für den Augenblick eines
Waldspazierganges.

LE HOYO DU ROI (Corona)

Diese echte Corona mit dem strengen Erscheinungsbild ist eine Schattenzigarre. Sehr homogen, ist sie erdiger als ihre Schwestern im selben Format. Ihr nervöser Geschmack, verziert mit einer Prise an Schärfe, verzaubert die Anhänger des Ehrwürdigen, die Nostalgiker des «wahren Havanna-Geschmacks». Der regelmäßige Brand macht aus ihr eine ausgezeichnete Nach-Mittagessen-Zigarre.

LE HOYO DU GOURMET (Panetela)

Der regelmäßige Brandverlauf ist nicht der geringste Trumpf dieser Zigarre, deren mildes, etwas distanziertes Aroma deutlicher wird, sobald das herrliche Drittel angefangen ist. Wenn es sich hierbei auch nicht gerade um ein einfaches Produkt handelt, so kann man sie doch wirklichen Kennern feiner Formate empfehlen, die auf der Suche nach nicht allzu dichten Tageszigarren sind.

LE HOYO DU DÉPUTÉ (Très Petit Corona) (rechts)
*Ein kleiner Schelm ergiebigen Geschmackes, der bequem zu
jeder Tages- und Nachtzeit geraucht werden kann. Von
zügigem Brand, setzt er diskrete Aromen mit leichtem
Honiggeschmack frei, bevor er im Gaumen recht agil auf
einem blumig-säuerlichen Register zu spielen beginnt.*

LE HOYO DES DIEUX (Gran Corona)
*Obgleich sie als Gran Corona identifiziert
wird, so ist Le Hoyo des Dieux eigentlich ein
Mittelding zwischen Großer Corona und
Lonsdale. Sie ist der Angelpunkt der Palette
und bezaubert durch Reichtum und Tiefe
im Geschmack, der durch angenehme,
blumige Noten unterstrichen wird. Ein
Charmeur, der fast universelle Wertschät-
zung genießt.*

**LE HOYO DU PRINCE
(Petit Corona)**
*Um ein geringes feiner als der
Durchschnitt der Petits Coronas,
ist Le Hoyo du Prince eine
exzellente Tageszigarre, morgens
ebenso wie zum Aperitif oder als
Begleiter für ein rasches Mittagessen. Ihr geschmeidiger Duft, leicht
säuerlich, öffnet sich zu fein
pfefferigem Geschmack, der nicht
am Gaumen kleben bleibt. Ihre
Sauerstoffaufnahme ist beachtlich
für ihre Größe und macht sie
vollends zu einem Favoriten
dieses Formats.*

Lonsdale

Ein schönes Format – etwa 15 cm lang und 1,6 bis 1,7 cm dick –, das seinen Namen einem englischen Aristokraten, Lord Lonsdale, verdankt. Dieser ließ auf seinen Namen eine Auswahl Zigarren dieser Größe produzieren. Das Haus Rafael Gonzales hat sogar längere Zeit das Porträt des besagten Lords im Inneren seiner Zigarrenkisten abgebildet ...

Das Besondere dieser Zigarre ist ... geschmacklich keine ausgeprägte Eigenart zu haben. Die Palette bietet in der Tat eine erstaunliche Vielfalt an Aromen und Geschmacksrichtungen, von den leichtesten – El Rey del Mundo – zu den stärksten bei Partagas; letztere leisten sich sogar den Luxus, zwei Zigarren dieses Formats anzubieten: die Partagas de Partagas No 1 und die Lonsdales. Das Format Lonsdale, dessen Ruf mit der Montecristo No 1 begründet wurde, ist heute in der ganzen Welt bekannt und liegt besonders den Anhängern des englischen Stils, die seine Eleganz und Diskretion schätzen. Zu bemerken ist schließlich, daß die Präsentation in der Kabinettkiste selten ist und daß die meisten Marken die klassische Kiste benutzen.

Links im Bild:
Lonsdales von Bolivar,
Gold Medal von Bolivar,
Lonsdales von Partagas,
Montecristo No 1,
Partagas von Partagas No 1,
Lonsdales von Saint Luis Rey.

Rechts im Bild:
Siglo V von Cohiba,
Cedros de Luxe No 1 von Romeo y Julieta,
Molinos von Sancho Panza,
Lonsdales von El Rey del Mundo,
Lonsdales von Rafael Gonzalez.

CONNOISSEUR No 1 (Robusto)

Diese lustige Robusto ist eine Außenseiterin bei H.Upmann: Sie ist leicht zu rauchen und entfaltet ein diskretes, leicht würziges Aroma und einen frischen, leichten Geschmack. Ihre freigebige Verbrennung betont ihren Charme, der vor allem in ihrer Einfachheit liegt. Sie gehört jener Generation von Zigarren an, die sowohl echten Kennern als auch Anfängern mit diesem Format gut zugänglich sind.

SIR WINSTON (Churchill)

Diese schöne Zigarre ist die einzige Churchill, die in einer Lackschachtel angeboten wird. Ihr volles und reiches Aroma paßt sehr gut zu ihrer Breite, die seine völlige Entfaltung begünstigt. Die gute Verbrennung, die einen gleichmäßigen Geschmacksablauf garantiert, erinnert wohl an die Double Corona. Aber Haupttrumpf dieses starken Gentlemans ist das herrliche Drittel, kräftig und samtig zugleich. Eine Churchill von Qualität, gut verarbeitet und rund, die in der Begleitung reicher Gänge und gerbstoffreicher Weine hervorragt.

MAGNUM 46 (Gran Corona)

Wegen ihrer sehr limitierten Verbreitung ist diese Gran Corona mit dem feinen und reichhaltigen Geschmack der großen Öffentlichkeit nahezu unbekannt. Dies ist bedauerlich, da ihre rasche Verbrennung – etwa sechzig Minuten – sich durch eine wahre Aromaexplosion zwischen zweitem und letztem Drittel auszeichnet.

CRYSTALES (Corona)
Wenn diese angenehme Zigarre unbestreitbar dazu berufen ist, in Erinnerung zu bleiben, dann weniger wegen der Milde des Aromas und der Leichtigkeit des Parfüms von Unterholz und zurückhaltendem Blütenduft, sondern wegen der schönen Präsentation: Die Crystales von H. Upmann ist in der Tat die letzte Havanna, die noch im Glastubus angeboten wird. Daher finden ihre Liebhaber und die Sammler auf der Suche nach ihrem kostbaren Inhalt meist nur noch die leere Hülle in einem Trödelladen.

UPMANN No 2 (Figurado)
Mit Ausnahme der Churchills sind ein Großteil der Module von H. Upmann vergleichbar mit den Montecristos. Aber, auch wenn diese Zigarren alle aus der gleichen Fabrik stammen, so bewahren sie nichtsdestoweniger ihre unterscheidbaren Mischungen. Dies ist der Fall beim Torpedo, der No 2.

MONARCHS (Churchill)
Obwohl ihr Format identisch ist mit dem der Sir Winston, unterscheidet sie sich durch ihre Schärfe und Vielfältigkeit. Angeboten mit oder ohne Aluminium-Tubus (sie ist dann reicher und aromatischer im Geschmack), zeigt sie sich vor allem kühn, doch ohne die Persönlichkeit ihres ruhmreichen Vorfahren. Ihr vielversprechender Stil plädiert für das Rauchen draußen an der frischen Luft, beispielsweise bei einem Waldspaziergang im Anschluß an ein gutes Mittagessen.

SUPER CORONA
(Gran Corona)
Eine schöne Zigarre, fein und aromatisch, geschützt durch ein Zedernholzblatt. Ihr milder Geschmack paßt ausgezeichnet zu ihrem eleganten Brandverhalten, welches innerhalb von 60 Minuten subtile und komplexe Noten freisetzt und dann in einem sehr typischen Finale gipfelt. Hinweis an die Liebhaber von Raritäten: Die Super Corona ist äußerst schwierig zu finden, da sie nur in sehr kleinen Mengen auf den Markt gebracht wird.

Juan Lopez

*D*ieses alte Haus bietet eine Auswahl von fünf handgemachten Formaten an – ein Zeichen der Qualität! Zurückhaltend und ganz im Einklang mit den Wünschen der Havannaliebhaber wurde die Marke in den 80er Jahren an den heutigen Geschmack angepaßt, mit einer Gran Corona und einer Robusto, die ihr wieder die Gunst des Publikums einbrachten beziehungsweise ihren – sehr speziellen – Geschmack einer großen Zahl von Liebhabern bekannt machten.

*D*ie Zigarren Juan Lopez werden mit sehr milden Mischungen hergestellt; sie sind leicht, angenehm aromatisiert und somit selbst für Anfänger gut zugänglich.

SELECCIÓN No 1
(Gran Corona)

Diese sehr schöne Zigarre paßt perfekt zu der neuen Generation von Havanna-Liebhabern, die nach aromatischen und relativ leichten Zigarren suchen. Ihr runder und waldiger Duft machen sie zu etwas Besonderem in diesem Hause. Aber was sie vor allem auszeichnet, das sind ihre sehr subtile Geschmackspalette, stets auf demselben waldigen Register spielend, und ihre Fettigkeit. Eine reiche und cremige Zigarre, sehr im «Kolonialstil», die ein Mittagessen ebensogut wie ein Abendessen begleitet.

CORONAS (Corona)

Zurückhaltend und vornehm führt uns diese Corona zu den Quellen von Juan Lopez. Ihr schönes Lederparfüm erinnert in der Tat an den traditionellen Geschmack, wobei die Würze sich erst im letzten Drittel öffnet. Daneben fügt eine gleichmäßige und milde Verbrennung dieser frischen Verführerin noch einen Reiz hinzu, der niemals den Gaumen angreift.

PANETELA SUPERBA (Panetela)

Letzter Sprößling der Familie Juan Lopez. Die Panetela Superba ist eine milde Zigarre, die den Anfängern gefallen kann. Ihre langsame Verbrennung bringt kleine Rauchkringel hervor, die sie als einfaches Objekt ausweisen.

PATRICIAS (Très Petit Corona)
Verwirrend einfach richtet sich diese Très Petit
Corona vor allem an die Anfänger. Ihr leicht grünliches
Parfüm öffnet sich auf ein zurückhaltend blumiges
Bukett. Sie wirkt deswegen so charmant, weil ihr
jegliche Arroganz im Munde fehlt – ein Charakterzug,
der sie zum idealen Begleiter für die morgendliche
Tasse Kaffee macht.

SELECCIÓN No 2 (Robusto)
Für Anhänger der Robusto, die cremige, von Aggressivität freie Zigarren mögen, ein sympathischer
Glückstreffer. Sie atmet eine Menge waldig-exotischer Düfte aus und bietet ein blumiges, sehr
aromatisches Bukett. Im Munde äußerst bequem und komplikationsfrei, ein Komplize der schönen
Augenblicke am Tage.

Juan Lopez 51

PETIT CORONAS (Petit Corona)
Eine kleine, lustige Person, die auf Charme, Frische und Leichtigkeit setzt.
Ihr hübsches, zart blumiges Bukett öffnet sich auf süßere, leichtere Noten,
die auch den Anfänger erobern dürften. Ohne nervös zu sein, zeichnet sie
sich durch eine gleichmäßige Verbrennung aus und ist so für jede Tageszeit geeignet.

Gran Corona

*D*ie Gran Corona ist das Meisterstück aus der Havanna-
Schatzkammer. Ihr Größe/Durchmesser-Verhältnis (14 bis 15 cm auf
1,6 bis 1,9 cm) ist von beispielhafter Ausgewogenheit. Ihr Publikum
findet sie bei den Liebhabern der Formate, die zwischen Corona und
Robusto liegen.

Umsomehr bleibt ihr der Erfolg gesichert, da es dieses Format in einer
außergewöhnlich vielfältigen Palette von Aromen und Geschmacksnoten
gibt. In dieser Hinsicht ist das Haus Punch führend, mit einer breiten
Auswahl von der mildesten bis zur kräftigsten Gran Corona. Im
allgemeinen bietet dieses Format einen guten Rauchverlauf. Da sie
einen gleichmäßigen Zug hat, ist sie eine sehr «funktionelle» Zigarre.
Dieser Vorzug verschafft unbestreitbar Empfindungen, die weder die
Corona noch die Robusto zu wecken vermögen.

Links im Bild:
Siglo IV von Cohiba,
Super Coronas von H. Upmann,
8-9-8 Cabinet Sélection von Partagas,
Série A von Saint Luis Rey,
Gran Coronas von El Rey del Mundo.

Rechts im Bild:
Punch–Punch von Luxe,
Coronas Extra von Rafael Gonzalez,
Grand Coronas von Quai d'Orsay,
Exhibición No 3 von Romeo y Julieta,
Coronas Extra von Bolivar.

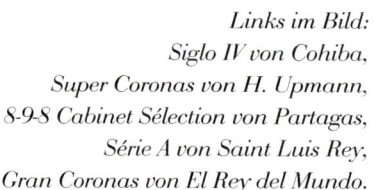

Montecristo

*E*ine große Marke, deren Ruf seit langem international ist. Ihre Geburtsstunde schlug 1935 unter der Obhut der Herren Garcia und Ménendez, letzterer Eigentümer des Hauses H. Upmann. Man erzählt sich, daß diese Zigarren anfänglich gar nicht so beliebt waren, man zog die strahlendere H. Upmann vor. Die folgenden Jahre bewiesen allerdings alle Qualitäten der Montecristo, die von nun an zu einer Marke wurde, um die man nicht mehr herumkam.

*D*as Angebot scheint tatsächlich eines der vielfältigsten und intelligentesten zu sein, das man finden kann. Dieses sagenumwobene Haus verdankt seinen Erfolg unbestreitbar der erstaunlichen Offenheit und dem schönen Gleichgewicht der Produktpalette.

BESTNOTE: die A – eine sehr «männliche» Especia, und die No 2 – ein kräftiger, sehr mächtiger Torpedo.

MONTECRISTO No 5 (Très Petit Corona)
*Eine gemäßigte Zigarre, sehr dezent-blumig, die zu
jeder Tageszeit geraucht werden kann.*

MONTECRISTO No 4 (Petit Corona)
*Sie macht der No 3 den Titel der weltweit
meistverkauften Havanna streitig. Dabei steht
sie dieser kaum nach. Dem ist nichts
hinzuzufügen.*

ESPECIALES No 2 (Corona)
Schon immer wurde diese cremige Zigarre wegen ihrer Milde geschätzt. Doch ihre elegante Zurückhaltung hält sie nicht davon ab, sich auf dem letzten Drittel holzig-würzig zu erweisen, wobei ihre Homogenität beim Rauchen konstant bleibt. Niemals ätzend, ist sie eine einfache, aromatische Corona.

**MONTECRISTO «B»
(Petit Corona)**
Eine prächtige kleine Corona, die in einer auf alt gemachten Kiste angeboten wird, ist heute mehr ein Sammelstück. Ihr waldiges Honigparfüm, das unwiderstehlich an die Antillen erinnert, öffnet sich auf einen sehr aromatischen Geschmack: frisch und leicht, durch eine Prise exotisch gefärbten Karamels hervorgehoben. Eine fesselnde Zigarre, der es nicht an Adel fehlt.

**MONTECRISTO No 3
(Corona)**
Daß diese Zigarre zu den meistproduzierten gehört, erklärt wahrscheinlich ihren großen Verkaufserfolg. Ohne weiteren Kommentar.

MONTECRISTO No 1 (Lonsdale)
Die Montecristo No 1 repräsentiert den Reiz des Klassizismus. Auch die Anhänger von Havannas ohne große Überraschungen haben sie seit langem schon adoptiert. Sie brennt regelmäßig, ohne verrückte Streiche und greift den Gaumen nicht an.

MONTECRISTO «A» (Especial)
Ohne Widerrede ist diese Kaiserin eine der schönsten Kreationen von Montecristo. Ihr reiches und sehr präsentes Aroma – zuerst matt und erdig, dann immer konzentrierter, ja betörend im letzten Drittel – öffnet sich auf einen fülligen und sehr würzigen Geschmack. In den ersten Zügen erscheint er nicht, dafür wird er im herrlichen Drittel sehr prägend. Ein erstklassiges Repertoire für einen großen Klassiker, dessen Kraft und Mächtigkeit sich vorwiegend an erfahrene Kenner richtet.

ESPECIALES (Gran Panetela)
Was die Ästhetik betrifft, kann die Especiales leicht um den Titel der Elegantesten konkurrieren. Ihre sogar sehr schlanke Form und der «gezwirbelte» Kopf betonen ihre Stärke und verleihen ihr eine gewisse Feingliedrigkeit. Der akzentuierte Geschmack und die langsame Verbrennung werden Liebhaber etwas mürrischer, aber mondäner Havannas verzaubern.

MONTECRISTO No 2 (Figurado)
Wenn die No 2 von Qualität ist, dann ist sie nicht nur gut, sondern außerordentlich ... Deswegen wahrscheinlich zählen selbst ihre Kritiker wie ihre Anhänger diese Torpedo zu den Charakterzigarren von großer Klasse. Ihr reicher und kräftiger Geschmack verleiht ihr in der Tat einen unvergleichlichen Stil, mit einem starken Enddrittel, das den Gaumen mit fettem, würzigem Aroma auskleidet. Nur für wirkliche Kenner!

Corona

Mit einer mittleren Länge von 14 bis 15 cm und einem Durchmesser von üblicherweise 1,5 bis 1,7 cm behauptet sich die Corona als ideal ausgewogenes Format. Deswegen ist sie wohl heute am weitesten verbreitet, und ihr Erfolg bestätigt sich in allen Marken, von den bescheidensten bis zu den renommiertesten.

Tatsächlich hat die Corona ein sehr angenehmes Format. Ihr ausgezeichneter Halt im Mund und die regelmäßige Verbrennung tragen dazu bei, sie zu Wahlbegleitern sowohl tagsüber als auch nach den Mahlzeiten zu machen. Leicht zu handhaben, verschafft sie während 60 bis 70 Minuten ein gleichbleibendes Vergnügen. Der Fortgang der drei Drittel bleibt dabei sehr homogen.

Links im Bild:
Coronas von Sancho Panza,
Coronas von Juan Lopez,
8-9-8 Cabinet Selection von Ramon Allones,
Crystales von H. Upmann,
Coronas von Saint Luis Rey,
Cedros de Luxe No 2 von Romeo y Julieta,
Coronas von Partagas.

Rechts im Bild:
Coronas von Romeo y Julieta,
Coronas von Ramon Allones,
Coronas von Punch,
Montecristo No 3,
Coronas von Quai d'Orsay,
Siglo III von Cohiba.

Partagas

*H*ier handelt es sich um eine der prächtigsten und vollständigsten Marken überhaupt. Vergleichbar mit Punch oder Hoyo de Monterrey, bietet sie eine breite Palette an, aus der wir die würdigsten Repräsentanten ausgewählt haben.

*P*artagas gründet seinen Ruf auf zwei Pfeilern: einer großen Auswahl – von der Très Petit Corona zur Double Corona – und einem besonderen, sehr typischen Geschmack. Das würzige, kräftige Aroma ist schon beim Einstieg in die Materie spürbar. Es hat einen holzigen Geschmack, bisweilen spitz oder fett – das Ganze bietet dem Liebhaber eine außergewöhnliche Palette. In jedem Falle bleibt Partagas ein perfekter Begleiter einer großen Küche.

DIE ROSINEN SIND: die Série du Connaisseur (No 1, 2, 3) – für jeden Augenblick des Tages, die Lusitanias – angepaßt an feinzubereitete Speisen und gehobenen Geschmack, die Shorts – eine exzellente Petit Corona, ideal zum Aperitif, und die Lonsdales in der Kabinettkiste – wunderbarer Begleiter zu Fischgerichten.

CHURCHILL DE LUXE
(Churchill)
*Stürmer in der Reihe der Kräftigen.
Rassig, fast streng, entwickelt sie
würzig-erdige Aromen, die sie bei
Liebhabern kräftiger
Zigarren als etwas rüdes
Objekt beliebt macht. Ihre
nach Erde schmeckende
Seite paßt ausgezeichnet
zu Wildbretgerichten und
starkem Alkohol.*

SÉRIE DU
CONNAISSEUR No 2 (Corona)
*Feiner und länger als die «echten» Coronas, ist diese
No 2 eine Favoritin der neuen Liebhabergeneration, die durch ihren
Panetela-Charakter bezaubert ist. Sehr reich im Geschmack und im Aroma, verführt
sie durch einen holzigen, leicht würzigen, ja sogar fruchtigen Duft, der dank ihres erstaunlich guten
Brandverhaltens gänzlich ausgekostet werden kann.*

PARTAGAS DE
PARTAGAS No 1
(Lonsdale)
*Nach der klassischen Machart hat diese
gerbstoffreiche und distanzierte Partagas außer
der Größe wenig gemeinsam mit der Lonsdale in
der Kabinettkiste: Zuerst recht zurückhaltend,
braucht sie eine Weile, um den Gaumen zu
sensibilisieren, aber ab dem zweiten Drittel weist
sie ihr würziges Aroma als einen der besten
Vertreter der Havanna nach alter Art aus. Für
besondere Kenner, die nach kräftigem Körper
suchen.*

SÉRIE
DU CONNAISSEUR No 3
(Petit Corona)
*Diese kleine Instant-Havanna beeindruckt durch
eine unterschwellig holzige Frische, die dem jungen Gaumen
wohl gefällt. Für Liebhaber von kleinen Zügen. Unbestreitbar sympathisch,
stellt sie einen ausgezeichneten Einstieg in die Welt der Partagas dar, auch
und besonders für Damen, die ihre untypische Eleganz schätzen (14,2 cm
Länge). Ausgesprochen passend vormittags oder zum Aperitif.*

FLOR DE TABACOS
DE
PARTAGAS
Y Cᵒ
S. HABANA

SHORTS (Très Petit Corona)

In dieser Form hat die Shorts nicht ihresgleichen. Durchwoben von Vanille und Zucker, macht sie viel Rauch und läßt im Mund ein Aroma von Gewürzen und salzigen Erdnüssen zurück. Sicherlich eine der besten unter den Très Petit Coronas, sehr gut akzeptiert bei den Damen und bei den Einsteigern, die von ihrer Frische und Cremigkeit bezaubert werden.

Shorts
Cabinet Selection
Made in Havana Cuba

SÉRIE D No 4 (Robusto)

Würdiger Nachfolger der Série D No 2, einer Gran Corona mit dem Durchmesser einer Churchill, die heute in Vergessenheit geraten ist. Diese Robusto hat ihre Sternstunde in den achtziger Jahren erlebt mit der damaligen Begeisterung für dieses Format. Sie ist, wie man sagen muß, prompt und schnell in der Reaktion. Stark und mit Nachdruck setzt sie enorm viel Aroma in holzig-würzigen Noten frei, die sehr verlockend sind. Reich und sehr deutlich zeigt sie sich erstaunlich ergiebig für die Größe. Eine Zigarre für Kenner.

SÉRIE DU CONNAISSEUR No 1 (Gran Panetela)

Sie gehört zu den jüngsten Partagas-Kreationen, und es fehlt ihr weder an Eleganz noch an Kraft. In einer tadellosen Ästhetik bestätigt sie sich in einem kräftigen, akzentuierten Register mit einem sehr kräftigen Finale. Reich und konzentriert läßt sie sich langsam rauchen, aber auf sehr homogene Weise. Jedoch – nur mit Vorsicht zu genießen.

8-9-8 CABINET SÉLECTION (Gran Corona)

Offen gesagt: Das große Pech dieser Zigarre ist, schon immer im Schatten ihrer großen Schwester, der Varnished, gestanden zu haben. Dennoch erweist sich diese Gran Corona vollkommen manierlich, wenn man sie um ihrer selbst willen raucht. Sie brennt leicht und wird die Liebhaber von zurückhaltenden, leicht würzig markierten Noten erfreuen.

8-9-8 CABINET SÉLECTION VARNISHED (Churchill)

Ihren ungewöhnlichen Namen verdankt sie der nun berühmten Präsentation – in drei Lagen zu 8, 9 und 8 Stück. Aber vor allem der Geschmacksreichtum und die aromatische Stärke – eine wunderbare Kakaonote – ließen den guten Ruf dieser führenden Churchill unter Kennern reifen. Selbst wenn die Puristen sie als etwas zu dünn für dieses Format ansehen, geben sogar die Mürrischsten zu, durch die großzügige Würze beglückt zu werden. Sehr kräftig, richtet sie sich ausschließlich an erfahrene Kenner, die sich von dem starken Körper nicht aus der Fassung bringen lassen.

LUSITANIAS
(Double Corona)
*Hier steigen wir in das Allerheiligste
der Havannas ein. Diese herrliche Zigarre
- eine der reichhaltigsten und komplexesten ihrer
Größe - prägt sich vor allem durch die Deutlichkeit des
großartigen Buketts von reifen Früchten ein, die zu einem Ambra-
geschmack führen, der sehr allmählich in exotische, würzige Noten übergeht.
Da ihre Harmonie und Fruchtigkeit die Kraft und die Gerbstoffe mildern, ermüdet sie
niemals den Gaumen. Ein Ausnahmeprodukt mit unwiderstehlichem Charme, für Kenner
bestimmt,*

PETIT CORONA (Petit Corona)
*Zu Beginn sehr zurückhaltend, aber
offen im Geschmack, richtet sich
diese etwas nervöse Corona vor allem
an Liebhaber von Zigarren, die
kräftig und nicht gerade subtil sind.
Es ist eine Zigarre der Abenteurer, die
ihre sich Zug für Zug steigernde
Kraft schätzen, hart an der Grenze
zur Aggressivität. Ausschließlich für
Freunde kräftiger Havannas.*

Partagas | 67

CORONAS (Corona)
*Ein großer Klassiker des Hauses und dieses Formates: Die Corona behauptet sich in der Tat durch ihre Vielfalt und ihre Noblesse.
Fein und rassig, setzt sie holziges Aroma mit schönen Honignoten frei; ihr feinwürziger Geschmack ist sehr reizvoll. Reiner Körper,
darunter ein langsames, doch regelmäßiges Brandverhalten schaffen die Vollkommenheit.*

LONSDALES (Lonsdale)
*Ihre Rasse und Weitläufigkeit setzen sie in direkte
Konkurrenz zur Punch Super Sélection No 1: das
beweist die Qualität dieser Zigarre mit dem Schokola-
dengeschmack, deren Länge im Mund von der
kräftigen Mischung zeugt. Sehr deutlich und sehr
aromatisch, befriedigt sie ohne zu ermüden. Ihr
einzigartiger Stil, von feinem Adel, erlaubt es
Partagas, sich in einem Gebiet hervorzutun, auf dem
sie bislang nicht brillierten: auf dem Gebiet der
Klasse und der Feinverarbeitung.
(Schwierig zu finden!)*

Robusto

Erst kürzlich – in den Jahren 1980 bis 1990 – hat dieses Format seinen
Ritterschlag durch das Erscheinen im Sortiment der Marken Cohiba, Juan Lopez,
La Flor de Cano und Hoyo de Monterrey erhalten. Auch wenn es diese Größe
tatsächlich schon länger bei Partagas, Ramon Allones und El Rey del Mundo gab,
die als Grundpfeiler fungierten, wurde sie trotzdem aufgrund des angeblichen
Mangels an Eleganz und der Rustikalität des vollen, aber wenig gekünstelten
Aromas mit Mißtrauen beäugt. Der heutige Boom dieser «kleinen Pausbacke»
– etwas mehr als 12 cm auf einen Durchmesser um 2 cm – entspricht der
Entwicklung zu einem körperreicheren Geschmack, sowohl in der Stärke als auch
im aromatischen oder würzigen Charakter.
Vor allem paßt sie sich dem Zeitgefühl an, das nicht mehr lange Stunden an das
Rauchen einer Zigarre verschwenden kann, sondern, ganz im Gegenteil, eine
schnelle Zufriedenstellung verlangt. Kurz gesagt, die Robusto bietet ein
epikureisches Gleichgewicht zwischen Branddauer und Geschmacksreichtum, dabei
tritt die Größe gelegentlich in den Hintergrund. Und es ist nur gerecht, wenn diese
früher Ungeliebte als große Neuerin des vollen und direkten Geschmackes, der
vielen die Zigarre unter einem anderen Blickwinkel zeigte, endlich
ihren Ruhm erfährt.

Links im Bild:
Royal Corona von Bolivar,
Exhibición No 4 von Romeo y Julieta,
Regios von Saint Luis Rey,
Choix Suprême von El Rey del Mundo.

Rechts im Bild:
Specially Selected von Ramon Allones,
Robustos von Cohiba,
Série D No 4 von Partagas.

Punch

P wie prinzengleich, U wie un-
übertroffen, N wie nobel, C wie Charmeur, H wie Havanna ... Allein schon
der Name ist ein veritables Anagramm,
das für ihre seltenen Qualitäten steht.

*D*iese große Familie unterscheidet sich gleichzeitig durch ihre hoch-
wertige Produktion und durch die
außergewöhnliche Breite ihres Angebots, das von der Especial zur Très Petit Corona reicht. Das Ganze verknüpft
erdiges Aroma, mehr oder weniger
fruchtig oder holzig, je nach Format.

DIE JUWELEN SIND: die Double
Corona, die Super Selection No 1 und
No 2 und die Royal Selection No 12 –
Meisterstücke aus der Punch-Krone.

BLACK PRINCE
(Gran Corona)
*Sehr diskret und sehr sanft
gleicht dieser schwarze Prinz
erdige Noten durch delikat
pfeffriges Aroma aus, das
ihm einen sehr eigenen
Charme verleiht. Eine
bezaubernde Zigarre.*

ROYAL SELECTION No 11
(Gran Corona)
*Auf das erste, sehr frische Drittel
folgen fruchtige, honigduftende
Aromen auf einem leicht
würzigen Grund. Dies zeichnet
diese saftige Zigarre aus der
Reihe der feinsten Gran Coronas
aus. Ein rundes Produkt, verteufelt
verlockend, dem sein bemerkenswertes
Größe/Durchmesser-Verhältnis eine
unbestreitbare Anziehungskraft verleiht.
Ein großer Klassiker der Marke, wird nur
in der Kabinettkiste angeboten.*

ROYAL SELECTION No 12
(Petit Corona)
*Ohne dieses kleine Wunder wäre die
Welt der Petits Coronas ärmer ...
Dank einer perfekten Architektur
setzt die Royal Selection No 12
im Verlauf eines regelmäßigen
Brandes einen großen Reichtum
an holzigen Aromen frei. Deutlich und markig zugleich, bietet
sie ein geschmeidiges Blumen-
bukett, überpudert mit einem feinen Pfefferstaub. In den
letzten fünf Jahren wurde sie nur besser.*

NINFAS
(Panetela)
*Elegant und gut
gebaut, darf sich
die Ninfas zu
ihrem regelmäßigen Brandverhalten beglückwünschen, das
auf konstante Weise ein
erdiges, etwas mattes Aroma
liefert. Ein wenig monoton, stellt sie
nichtsdestoweniger eine ausgezeichnete
Anfängerzigarre für dieses Format dar.*

DOUBLE CORONA (Double Corona)
Diese schöne Zigarre ist eine der großen Double Coronas. Ihr holziges, würziges und erdiges Aroma schließt mit sehr betonten Noten ab, die jedoch nie aggressiv sind. Besonders spürbar werden sie ab dem zweiten Drittel, wenn Honig die wunderbare Geschmackssteigerung begleitet. Sicherlich keine Anfängerzigarre, aber wenn Reife und Lagerung das mögliche Potential voll ausschöpfen, ist sie wirklich großartig.

MONARCAS (Churchill)
Dieses imposante Produkt – die einzige handgefertigte Punch, die im Tubus präsentiert wird – ist auch das mildeste der Großformate in diesem Haus. Die Diskretion ihres sanft-würzigen Duftes erinnert an die Frühlingsfrische und führt zu einem runden, gut ausgewogenen Erde- und Honigaroma. Ihre Bequemlichkeit wird noch durch den langsamen Brand unterstrichen. Eine ausgezeichnete Abendzigarre im Sommer (schwer zu finden).

SUPER SELECTION No 1 (Lonsdale)
Auf halbem Weg zwischen Lonsdale und Gran Corona, ist diese prächtige Zigarre ein Rassestück, dessen ausgearbeiteter, runder Geschmack den Gaumen wunderbar auskleidet. Würzig, holzig, leicht honigduftend und erstaunlich ausgewogen entwickelt sich das Bukett, bis es stark, ja fast betörend wird. Ausschließlich dem guten Kenner vorbehalten.

DIADEMAS EXTRA (Especial)

Diese Havanna großen Stils wird in einem Einzelkistchen gereicht und wirkt sehr nobel und elegant. Wahrscheinlich thront sie deswegen so herrschaftlich über der Familie Punch. Man muß sagen, daß die Milde ihres holzigen Honigaromas im Laufe eines idealen Brandverlaufs sich immer treu bleibt, in einem großartigen Crescendo gipfelt und auf diese Weise einen langen Augenblick intensiven Vergnügens bereitet. Nicht zu verwechseln mit der vorhergehenden Generation von Diademas, die im FiguradoFormat von 24 cm fabriziert wurden und mit dem Fachausdruck «La Diadema» bezeichnet werden.

PUNCH-PUNCH DE LUXE (Gran Corona)

Alter Komplize der großen Liebhaber. Diese homogene Zigarre hat sich durch ihre Milde, die sie zum Favoriten des Gran-Corona-PunchQuartetts macht – mit ihr die Super Selection No 2, die Black Prince und die Royal Selection No 11 –, ein treues Publikum erobert. Ihr rundes und schmeichelhaftes Aroma öffnet sich auf eine sehr geschmackvolle Honig-Erde-Mischung. Ein Klassiker des Hauses.

CORONAS (Corona)

Offensichtlich ist das CoronaFormat von Punch etwas in Vergessenheit geraten. Wahrscheinlich weil das Angebot des Hauses schon sehr reichhaltig ist und die großen Persönlichkeiten ziemlich zahlreich sind ... In der Tat begnügt sich diese Corona in der Halbschachtel aus Naturholz oder in einer Kabinettkiste ohne große Subtilität mit einer ehrlichen Mittelmäßigkeit. Gelegentlich zu probieren.

PETIT CORONAS (Petit Corona)

Früher gab es eine ähnliche Zigarre, die Ones genannt und in Kabinettkisten angeboten wurde. Was die Petit Coronas betrifft, so offenbart sie sich in einem erdig-honig-duftenden, trockenen, recht zurückhaltenden Register, dem es nicht an Charme fehlt. Homogen und niemals aggressiv, stellt sie eine ausgezeichnete Zigarre für einen Spazier-gang dar.

SUPER SELECTION No 2 (Gran Corona)

In der Kiste zu fünfzig Stück angeboten, zeigt diese Gran Corona auf perfekte Art, was dieses Modul an Bestem anbieten kann: ein komplexes Bukett, das sich langsam vom holzigen zu dem für das Haus typischen, erdigen Aroma entwickelt. Von dichtem Geschmack, kräftig, aber subtil, himmlisch dem Gaumen schmeichelnd, sind dies die Stärken der Super Selection No 2. Für erfahrene Kenner, in Erwartung einer Sensation ...

CHURCHILLS (Churchill)

Für eine Churchill ist sie eher diskret, aber dieser Mangel an Kühnheit wird hübsch ausgeglichen durch große Aromenvielfalt und unbestreitbare Cremigkeit. Ihr mattes, erdiges, leicht würziges Aroma prägt sanft den Gaumen – jedoch auf sehr präzise Weise – und macht sie so zu einer patenten Verführerin.

PETIT PUNCH (Très Petit Corona)

Eine der besten der Très Petits Coronas. Sie ist wunderschön ausgewogen und entwickelt in der Tat ein köstliches Honig-Gewürze-Bukett, das ihre Einzigartigkeit im Sortiment ausmacht. Der tadellose Brand befreit ihren aromatischen Reichtum und macht sie zu einer ausgezeichneten Tageszigarre. Besonders für Anfänger zu empfehlen.

Quai d'Orsay

*D*iese französische Marke wurde in den 70er Jahren von der Seita für die Zigarrenliebhaber des französischen Kulturkreises gegründet und hat sich im Laufe der Zeit einen stattlichen Ruf erworben.

*D*ie Zigarren Quai d'Orsay richten sich vor allem an erfahrene Raucher, die nach holzigen, leicht trockenen Charakteristika suchen, mit zum Teil für einige Formate erdigem Anstrich. Wie dem auch sei, die Palette setzt nicht auf Mächtigkeit, sondern mehr auf aromatischen Reichtum.

BRÜCKENKOPF DER MARKE IST: die Churchill Imperiales.

IMPERIALES (Churchill)
*Diese sehr gut gemachte Churchill prägt
den Gaumen mit holzigen Eindrücken, die
sehr verführerisch sind. Ihr aromatischer
Charakter und ihre Leichtigkeit unterstrei-
chen die im Laufe des langsamen und
leichten Brandes konstante
Milde, die Anfänger bezäu-
bern wird.*

CORONAS (Corona)

Mythisch durch ihr Format, sympathisch durch ihren Duft, klassisch durch ihr Aroma, aristokratisch durch ihren Namen ...
Diese Corona hat viele Reize. Ihr trockener und leichter Körper, hervorgehoben durch säuerliche Spitzen, wird im Brandverlauf breiter und entwickelt sich zu einem differenzierten Spektrum.

GRAN CORONAS
(Gran Corona)

Rein und direkt ist diese elegante Zigarre – die feinste in diesem Format. Sie sticht durch ihr mattes, erdiges, leicht würziges Aroma hervor, das sich zu immer holzigeren Noten entwickelt.
Ihr schönes Gleichgewicht und ihr leichter Abbrand machen aus ihr eine gute Tageszigarre; ausgezeichneter Begleiter bei der Arbeit.

Petit Corona

Da sie als kleine Zigarre angesehen wird – 12,5 cm
und länger auf 1,6 bis 1,7 cm Durchmesser –
genießt dieses Format den Vorteil einer sehr großen
Produktion: Sie deckt in der Tat einen Hauptteil des
Havanna-Konsums ab, wobei sie Liebhaber von
Tageszigarren wie auch Gelegenheitsraucher
anspricht. Für diesen Erfolg gibt es hauptsächlich
zwei Gründe:
Eine relativ knappe Branddauer – vierzig bis sechzig
Minuten –, die den Zugang erleichtert, insbesondere
nach einem leichten Mittagessen.
Zweitens eine angenehme Geschmacksverteilung auf
der gesamten Struktur, gezeichnet durch lebhafte
Übergänge zwischen den drei Dritteln, dem Heu,
dem herrlichen und dem konzentrierten. Eine
Geschmacksevolution, die alles in allem gut den
leicht nervösen Charakter dieser Zigarre
unterstreicht.

Links im Bild:
Petit Coronas von Rafael Gonzalez,
Cedros de Luxe No 3 von Romeo y Julieta,
Petit Coronas von Bolivar.

Rechts im Bild:
Short Coronas von Hoyo de Monterrey,
Siglo II von Cohiba,
Petit Coronas von Ramon Allones,
Non Plus von Sancho Panza,
Montecristo No 4.

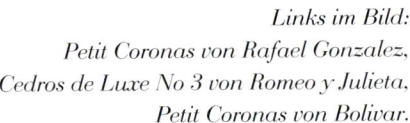

Rafael Gonzalez

Die Marke Rafael Gonzalez ist sehr alt und ein idealer Vertreter der Noblesse der heutigen Havannazigarren, selbst wenn es sich nicht leugnen läßt, daß sie ihren größten Erfolg zu der Zeit feierte, als die grünen Zigarren (Clarísimos) Mode waren.

Klassisch und vornehm, genießt die derzeitige Palette bei den Freunden reichen Honiggeschmackes mit Lebkuchenaroma ein hohes Ansehen. Im Laufe der Jahre hat dieses Haus feste Bande mit ihren Liebhabern geknüpft, Bande der Verzauberung und der Treue. Es ist ja auch wahr, daß ihm seine Klasse und seine Diskretion einen unvergleichlichen Charme zutragen.

DIE PRINZEN VON GEBLÜT SIND: die sehr elegante Lonsdales für ihre englischen Lord-Allüren, die Coronas Extra für ihre Gutmütigkeit (ein Robusto-Abbrand in eine Gran-Corona-Korpus) und die Petit Lonsdales für ihren Charme eines Pariser Straßenjungen. Ihr Geschmack nach Honig und ihr Lebkuchenaroma erinnern an den Frühling, die Lust zu leben und die Freiheit.

TRÈS PETITS LONSDALES (Très Petit Corona)
Trotz ihrer geringen Größe läßt sich diese Très Petit Corona nicht übergehen. Fein im Mund, entwickelt sie reichen, dichten Geschmack, der sie in Schutz nimmt vor den Fehltritten der mächtigeren Zigarren. Sie ist ideal im Anschluß an eine traditionelle Mahlzeit, ganz ohne sich dem Gaumen aufzudrängen.

PETIT CORONAS (Petit Corona)
Die Kräftigste der Familie Rafael Gonzalez entwickelt ein grünes Aroma mit holzigem Geschmack. Ihr letztes Drittel, das in einem lebhaften und gierigen Tempo vergeht, ist voll und ganz an eine Mahlzeit mit süßsaurem Geschmack angepaßt.

SLENDERELLAS (Panetela)
Ganz in Feinheit gebaut, zeichnet sich diese elegante Panetela durch ihre extreme Milde und durch die Frische ihres blumigen Körpers aus. Sehr reich im Geschmack, greift sie dennoch nicht den Gaumen an, den sie quasi spurlos streift. Sie wird von den Anhängern dieses Formates sehr geschätzt und ist eine gut zugängliche Zigarre, die sowohl die Damen als auch die Anfänger zu bezaubern weiß.

LONSDALES
(**Lonsdale**)
*Diese Lonsdales ist eine
großartige Zigarre von
seltener Eleganz. Ihr
langsames Brandverhalten
schenkt dem Gaumen aufeinander-
folgende Wellen erstaunlich duftiger
Züge. Das dichte Honigaroma macht den
Großteil des Charmes dieser Verführerin aus,
deren gleichmäßige Tabakqualität nicht den
geringsten ihrer Vorzüge bildet. Eine der
Großen in ihrer Kategorie!*

CORONAS EXTRA (Gran Corona)
*Das größte Format von Rafael Gonzalez und
eine seiner besten Zigarren. Stärker und voller
im Gaumen als die Lonsdales, unterscheidet
sie sich durch ihren holzigen und leicht fetten
Geschmack, der im Verlauf des Rauchens sehr
lange gegenwärtig bleibt. Bequem im Mund –
sie ermüdet nicht –, ist sie ideal nach einem
guten Mittagessen oder als Begleiterin beim
Lesen.*

Rafael Gonzalez | 85 |

PETIT LONSDALES
(**Petit Corona**)
*Sehr aromatisch und sehr
dicht im Geschmack, behauptet
sich diese Petit Corona durch ihren
Amberduft und ihre zugleich nach Holz
und Honig schmeckenden Noten. Ein sehr
angenehmer Kompromiß in Homogenität und
Stärke, der dem Gaumen köstliche Eindrücke
hinterläßt. Recht originell im Vergleich zur
Linie des Hauses.*

Ramon Allones

Aus demselben Holz geschnitzt wie Partagas, wird diese sehr alte kubanische Marke mit internationalem Rénommée durch kräftigen, direkten und offenherzigen Geschmack charakterisiert. Die breite Palette, die alle klassischen Formate umfaßt, ist besonders für ihre Doubles Coronas, Robustos und Coronas berühmt.

Sehr begehrt bei den Liebhabern von Zigarren, die Kraft und Herz haben, werden die Ramon Allones immer große Tafeln schmücken und Festessen abschließen: Es sind berauschende, fordernde Individualisten, die sich der hohen Tradition der Havanna verschreiben und sich an gestandene Liebhaber wenden. Achtung: Die Private Stock, eine sehr schicke Lonsdales, wird nicht mehr produziert. Wink an Sammler.

DIE PREMIER CRUS SIND: die Coronas Gigantes – ein verzauberndes Stück, sehr Haute Couture, die 8-9-8 Cabinet Selection Varnished – erdig und leicht würzig, auch sehr differenziert, die Specially Selected – Einfachheit und Freigiebigkeit des schönen Prêt-à-Porter, und die Small Club – eine cremige Très Petit Corona, sehr leicht, die köstlich in die Nase steigt, aber einen deswegen nicht schlecht kleidet.

8-9-8 CABINET SELECTION VARNISHED (Churchill)

Partagas bietet in dem selben Format eine Fülle an Gewürzen. Ramon Allones dagegen bietet köstlichen, karameligen Honigduft an. Reif und dicht, legt sie Zeugnis einer schönen Harmonie in der Cremigkeit ab. Lang im Mund, entwickelt sie ein zuckrig-salziges Spektrum. Für gestandene Kenner (aber schwierig zu bekommen).

8-9-8 CABINET SELECTION (Corona)

Ganz im Unterschied zur Varnished, ist diese Corona die Diskretion schlechthin. Ihre Milde, gestützt auf einen erdigen, leicht matten Körper, bestimmt sie zur leichten Tageszigarre, die den Gaumen nicht angreift.

CORONAS GIGANTES (Double Corona)

Sie zählt zu den großen Doppel-Coronas und ist eine kräftige und vielschichtige Zigarre, deren Vitalität manchmal knapp an Übermut grenzt. Schon beim Einatmen ihres Ambraduftes erkennt man sofort die erwachsene Puro. Wenn sie schön ausgereift sind, so klebt ihr mächtiger fetter Körper beinahe in der Hand, was die Kenner entzücken wird. Dies ist kein Arbeitsbegleiter – sie ist zu umfangreich, trotz ihrer Subtilität –, eher ein treuer Freund qualitätsreicher Tafeln.

SPECIALLY SELECTED (Robusto)

Dies ist zusammen mit Partagas und Cohiba eine der drei kräftigen Ausführungen des Formates. Großzügig und reif, liefert sie im ersten Drittel dichten Geschmack, um schließlich in betörendere Töne aufzusteigen. Sehr viel Frucht, Aroma und eine Prise Gewürze machen sie sehr einladend. Ihr Komfort erinnert unwiderstehlich an das Wohlsein, das man empfindet, wenn man sich in die weiche Lehne eines alten, durch die Jahre gezeichneten englischen Ledersessels schmiegt.

CORONAS (Corona)

Was die Stärke angeht, einen Ton unterhalb der restlichen Familie Ramon Allones. Diese Corona mit dem erdigen Geschmack, durch eine Prise Gewürze hervorgehoben, ist aber deswegen weder fad noch traurig. In klassischer Weise gemischt, richtet sie sich vor allem an traditionelle Havannaliebhaber. Besonders empfohlen nach einem herbstlichen Mittagessen.

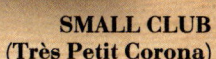

PETITS CORONAS (Petit Corona)

Ein kleiner, scharfsinniger Herr, etwas nervös, dessen kräftiger Geschmack – auf erdigem, leicht saurem Terrain – gut im englischen Stil liegt. Sie wird die Liebhaber von Havannas nach alter Weise bezaubern. Noch etwas wenig bekannt, ist sie nichtsdestoweniger ein höchst respektables Mitglied der großen Familie der Kleinen Coronas.

SMALL CLUB (Très Petit Corona)

Es ist das Ambra des Duftes, das hier vordergründig bezaubert. Die sehr vollen und runden Aromen dieser kleinen Zigarre bekräftigen schließlich den Charme, den ein guter Brandverlauf – dank der grobschrötigen Struktur und der inneren Lüftung – noch verstärkt. Wenn sie auch zu kurz ist, um eine wirkliche Geschmacksentwicklung zu kennen, so zeigt sie sich doch sehr lustig im Mund von Anfang bis zum Schluß, indem sie sich als ein sympathisches Gegenüber behauptet. Sie kann zu jeder Tageszeit genossen werden.

Très Petits Corona

*D*ieses kleine, sehr angenehme Maß – bis 11 cm lang und 1,6 cm im Durchmesser – verdient nicht die Verachtung, mit der man es bisher gestraft hat.

Morgen- oder Aperitifzigarre, liegt sie ideal im Mund und füllt perfekt den toten Punkt eines Havannaliebhabers. Überflüssig zu erwähnen, daß dieser Charmeur es verstanden hat, das weibliche Geschlecht zu erobern, welches sein großzügiges Aroma dauerhaft für sich eingenommen hat.

Letzter Trumpf: Das Rauchen – zwischen 20 und 30 Minuten – ist gekennzeichnet durch eine langsame Steigerung des Aromas. Die Très Petit Corona gibt ihren Geschmack also nicht sofort preis.

Links im Bild:
Très Petit Lonsdales von Rafael Gonzalez,
Très Petit Coronas von Romeo y Julieta,
Shorts von Partagas,
Montecristo No 5.

Rechts im Bild:
Patricias von Juan Lopez,
Bachilleras von Sancho Panza,
Small Club von Ramon Allones,
Petit Prince von Romeo y Julieta,
Siglo I von Cohiba.

El Rey
del Mundo

*D*er Hauptcharakterzug dieses «Königs der Welt» ist ohne jeden Zweifel seine Milde, die sich, trocken oder cremig, in allen Formaten wiederfindet. Gerade dieser Zug, gepaart mit ihrer Frische und Leichtigkeit, macht die El Rey del Mundo sehr zugänglich. Diese Zigarren sind deswegen ausgezeichnete Einstiegshavannas. Leichten Körper suchende Zigarrenraucher bleiben ihrem Charme treu.

DIE SPITZE BILDEN: die Tainos (Churchill), die Grandes de España (Gran Panetela) und Choix Suprême (Robusto).

LONSDALES (Lonsdale)

Diese angenehme Lonsdale gibt es in zwei Ausführungen: in der Kabinettkiste oder in der Halbschachtel. Die Qualität ist in beiden Fällen dieselbe, nur die Form ändert sich – rund oder quadratisch. Was den Geschmack betrifft, steht man hier in der großen Tradition El Rey del Mundos: leichtes und ein wenig staubiges Aroma in einem holzig-grasigen Spektrum. Guter Brand, passend zum komfortablen Im-Mund-Liegen.

GRANDES DE ESPAÑA (Gran Panetela)

Für Liebhaber eleganter Formate entworfen, die sowohl für die Ästhetik als auch für Geschmacksqualität empfänglich sind. So liefert diese hübsche Panetela einen angenehmen Pflanzenduft, unterstrichen durch cremige Züge. Dabei offenbart sie zurückhaltende, holzige und rassige Aromen. Deutlich im Mund, aber wenig prägend, genießt sie ein gutes Brandverhalten – vorausgesetzt, daß ihre Herstellung nach allen Regeln der Kunst durchgeführt worden ist.

CHOIX SUPRÊME (Robusto)

Sehr mild für eine Robusto, entwickelt die Choix Suprême cremige und zugleich grünliche Honigaromen, die sie als gute, leicht zu rauchende Gesellschaftszigarre ausweisen. Ebenso am rechten Platze morgens wie nach dem Mittagessen, zieht sie Nutzen aus ihrem großzügigen Brand, der sie sehr zugänglich macht. Es gibt sie in der klassischen Schachtel oder in der Kabinettkiste.

CORONAS (Corona)
Offensichtlich für den ersten Rauchgenuß des Tages entworfen, entwickelt sich diese etwas schüchterne Corona in einem holzig-pflanzlichen Register, das wahrlich wenig subtil ist. Ihr mattes Erscheinungsbild schafft im Munde einen vergänglichen Geschmack, der den Kenner nicht zu befriedigen vermag – obwohl diese Diskretion manchmal durchaus willkommen sein kann.

TAINOS (Churchill)
Aus sehr feinen Blättern hergestellt, deren Färbung von zartem Mattgold bis zu sattem Gelb schwankt, ist diese Churchill eine der frischesten und leichtesten, die man finden kann. Ihr trockenes Aroma im Mund erlaubt es, sie bequem im Laufe des Tages zu rauchen, um so mehr, als ihr regelmäßiger und leichter Brand niemals ermüdet. Eine gute Einstiegszigarre für das Format Churchill.

PANETELAS
(Panetela)
Eine sanfte und raffinierte Eleganz, unterstrichen durch einen geschmackvollen, leicht süßen Grützegeschmack – dies umschreibt in knappen Worten, woran diese Panetela mit den zarten Linien erinnert.

GRAN CORONAS (Gran Corona)
Präsentiert in einer Kabinettkiste und in der Halbschachtel, gilt diese Gran Corona als eine der leichtesten auf dem Markt. Ihr ausgezeichneter Brandverlauf begünstigt ein rasches Rauchen, ohne zu ermüden. Das Geschmacksregister ist vollkommen das klassische von El Rey del Mundo: leicht herbal, sehr wenig markant, trotzdem mit einem sympathischen Bukett abschließend.

Romeo y Julieta

*I*m Laufe der Jahre hat sich dieses Haus einen ausgezeichneten Ruf bei den Liebhabern reichhaltiger und gut verarbeiteter Havannas gesichert. Die Marke wurde in der Tat bekannt, als sie leicht getrocknete Zigarren mit kräftigem Aroma, so recht nach dem englischen Geschmack, anbot. Sie hat es dann verstanden, nach und nach ein milderes, runderes und fruchtigeres Parfüm zu entwickeln, welches den Erfolg, namentlich der Fabulosos (eine Especial) oder der Exhibición No 4 in der Kabinettkiste (eine Robusto), bestimmt.

*M*an könnte die Entwicklung von Romeo y Julieta durch die zunehmende Beliebtheit ihrer drei großen «Stars» so zusammenfassen: in den 60er Jahren die Cazadores; in den 70ern die Churchills (reich, holzig, kräftig) und schließlich in den 90ern die Serie der Exhibición (sehr aromatisch, blumig). Romeo y Julieta ist unbestreitbar ein großes Haus, das sich zu erneuern verstanden hat und das den Erwartungen eines immer treueren Publikums stets gerecht wird.

MADE IN HABANA, CUBA

PETIT PRINCE (Très Petit Corona)

Dieser kleine «Kaugummi» unter den Havannas ist ein sympathisches Stück, dessen Frische und Leichtigkeit an die des Champagners erinnert – den es übrigens ausgezeichnet begleitet ... Einfach, ohne Komplikationen, kann sie zu jeder Tageszeit geraucht werden, ohne anderen Ehrgeiz, als die Muße einer kleinen Havanna-Pause zu bereiten ...

CAZADORES
(Gran Corona)

Diese Gran Corona adligen Geschlechts ist ein Charakterkopf ... Ihr warmes Kakaoaroma führt in eine Welt, in der Reichtum und Geschmack an Übermut grenzen: Hier wird der Honig von betörenden Gewürzen abgedeckt und drängt zu einem herrischen Crescendo von außerordentlicher Kraft. Rassig und ohne Zugeständnisse, verdient dieses ungezähmte Raubtier zu Recht den Titel Cazador (spanisch für Jäger).

EXHIBICIÓN
No 4
(Robusto)

Dieses Zigarrenwunder ist der perfekte Vertreter der neuen Havannageneration voller Anmut und Subtilität. Ihre Frische, ihre Ausgeglichenheit im Mund, ihr Zauber und ihre schmackhafte Tropenfrucht-Note wie ihr Gleichgewicht und ihr Komfort machen sie zu einem der Höhepunkte dieses Formats. Ein High-Society-Charmeur.

MADE IN HABANA, CUBA

EXHIBICIÓN No 3 (Gran Corona)
Zurückhaltender als ihre größere Schwester, die Robusto, bietet diese Gran Corona eine etwas schüchterne Annäherung. Doch ab dem zweiten Drittel entwickelt sie deutlich holziges und fettes Aroma. Dank eines sehr regelmäßigen Brandverhaltens hat sie eine schöne Länge im Mund.

**CORONAS
(Corona)**
Weder zu kräftig noch zu mild, verführt dies leichte, sehr angenehme Zigarre durch die Balance ihres waldigen Aromas. Ihre Frische gleicht die Cremigkeit ihres Geschmacks aus und ist so ein erlesener Begleiter von Einsteigern auf der Suche nach exotischen Nuancen.

**TRÈS PETITS
CORONAS
(Petit Corona)**
Auf sympathische und einladende Art entwickelt sie ein köstliches Aroma von reifen Walnüssen, leitet dann über zu dichtem, säuerlichem und leicht erdigem Geschmack.

Romeo y Julieta 99

CELESTALES FINOS (Figurado)
Was bei dieser Figurado besonders beeindruckt, das ist ihre Fertigung nach alter Art: Bemerkenswert ist in der Tat das perfekt verjüngte Brandende. Aber nicht nur der Schnitt ist hier sehr traditionell, der Geschmack ist es auch, der sich in rustikal-kräftigen Noten darstellt und beim Erreichen des herrlichen Drittels eine seltene Kraft entwickelt. Auch wenn es nicht mehr in Mode ist, so bleibt dieses kraftvolle Kunstwerk doch eine ausgezeichnete Zigarre für Nostalgiker der traditionellen Havanna.

MADE IN HABANA, CUBA

100

CEDROS DE LUXE No 1 (Lonsdales)
Die Cedros No 1 ist zurückhaltend und eher
leicht für eine Lonsdales und somit eine der
am wenigsten akzentuierten Zigarren dieser
Größe. Wegen ihres grün-würzigen Registers
prägt ihr Aroma den Gaumen kaum, doch der
frische und trockene Geschmack dürfte die
Anfänger entzücken.

**CHURCHILLS
(Churchill)**
Hier in der Tubus-
Version dargestellt,
gibt es sie auch
ohne. Bei allen
Havannafreunden
bekannt, ist die
Churchill von
Romeo y Julieta
wirklich das
Paradepferd dieses
Formates. Während
sie durch ihre
Präsentation in der
Aluminiumhülse in
die Geschichte
einging, so hat sie
sich bei den
Liebhabern
aufgrund ihres
Geschmacksreich-
tums und ihrer
Stärke einen Platz
gesichert. Besonders kräftig
ist sie im zweiten, sehr
einschneidenden Drittel,
dem sie ihren Ruf verdankt.
Eine anspruchsvolle Zigarre
für erfahrene Kenner. Auch
ihre frischere Ausführung,
ohne Tubus, wird sehr
geschätzt.

PRINCE OF WALES (Churchill)
Sicherlich die mildeste im
Churchill-Trio dieser Marke.
Leicht und würzig am
Anfang, wächst die
diskrete Prince of
Wales in einen
betonten Holz-
charakter hinein,
der nur noch
schwach würzig
ist. Ihr entferntes
Parfüm öffnet sich
auf ein mattes,
klassisches Aroma.
Durch den sehr regel-
mäßigen Brandverlauf
wird ein konstantes Ge-
schmacksniveau gewährleistet.

CLEMENCEAUS (Churchill)
Milder und leichter zugänglich als die Churchill, prägen die Clemenceaus trotzdem den Gaumen mit ihrem holzigblumigen, durch würzige Noten unterstrichenen Körper. Als handwerkliches Produkt erfordert sie eine gewissenhafte Lagerung, um ihre volle Reife zu erreichen. Sie ist der ideale Begleiter zu traditioneller Küche; zu Wildgerichten und kräftigem Wein wirkt ihr erdigmassiver Geschmack wahre Wunder, noch unterstützt durch ein gutes Brandverhalten. Schwer zu finden.

CEDROS DE LUXE No 2 (Corona)
Die Cedros No 2 ist eine für dieses Format außerordentlich leichte Zigarre. Sie entwickelt sehr flüchtige Kräuternoten über zurückhaltenden, frischen und etwas holzgetönten Aromen. Sie ist sehr mild und richtet sich daher vorwiegend an Anfänger.

FABULOSOS (Especial)
Mit ihren 24 cm, die in feinste Deckblätter gehüllt sind, entwickelt dieser Diamant unter den Havannas Aromen von seltener Subtilität. Es ist einleuchtend, daß ihr prächtiges Maß eine wichtige Rolle im Reichtum ihres differenzierten Körpers spielt, wobei ihr untadeliger Brand zu einer Konzentration der Gewürztöne führt. Kräftig, doch ohne Aggressivität, verdient es die Fabulosos, daß man ihrer Reifung eine anspruchsvolle Sorgfalt zuteil werden läßt.

Romeo y Julieta 101

CEDROS DE LUXE No 3 (Petit Corona)
Bekannter als die No 1 und die No 2, besitzt die Cedros No 3 ebenfalls außerordentliche Diskretion. Leicht, etwas monoton, ist sie einfacher zugänglich und kann ihren Platz als Begleitzigarre für Liebhaber unkomplizierter Havannas finden.

Gran Panetelas

Diese großen Verführer haben in den Jahren 1960–1970 einen beachtlichen Erfolg genossen. Sehr elegant – etwa 19 cm lang, mittlerer Durchmesser 1,5 cm –, erscheinen sie in der Tat als echte «Vollblüter», mit denen Kenner gerne anbändeln. Lange Zeit waren die Vorzeigeprodukte auf diesem Gebiet die Montecristo Especiales und die Davidoff No 1, dann – etwas feiner, jedoch ohne Panetelas zu sein – die Grandes de España von El Rey del Mundo und die Médaille d'Or No 1 von La Gloria Cubana, und schließlich kamen in den 80er Jahren die Lanceros von Cohiba auf den Markt. Diese Zigarren sind unbestreitbar alle Grandseigneurs – auch mit den dazugehörigen Launen. Denn die Architektur dieser Formate ist in Wirklichkeit sehr heikel: Für ein angenehmes Rauchen darf der Zug keine Schwierigkeiten machen, außer einem leichten Widerstreben, das das Ausbilden einer aromatischen Linie begünstigt. Dies ist bei einem solch eleganten Format keineswegs eine einfache Sache. Andernfalls geht der Punkt rasch auf das Konto der Mitstreiter. Das bedeutet anders gesagt, daß man wahrscheinlich mit den Gran Panetelas am besten die Entwicklung zwischen Kopf, Körper und Brandende während der 60 bis 90 Minuten des Brandverlaufs erleben kann. Abgesehen davon und im Gegensatz zu den meisten anderen Formaten sind sich die Zigarren dieses Formates überhaupt nicht ähnlich. Letzte Anmerkung: Die Gran Panetelas gibt es in zwei Kopfausführungen – leicht gezwirbelt oder abgerundet. Dieser Unterschied verändert den Geschmack in keiner Weise. Zum Schluß machen wir auf die (sehr vertraulich behandelte) Produktion der Trinidad aufmerksam, die den Ehrengästen der kubanischen Regierung vorbehalten ist.

Von oben nach unten:
Especiales von Bolivar,
Lanceros von Cohiba,
Médaille d'Or No 1 von La Gloria Cubana,
Grandes de España von El Rey del Mundo,
Especiales von Montecristo.

Saint Luis Rey

Diese historische Marke ist bei den Liebhabern etwas in Vergessenheit geraten, hat aber ihren Platz im Kreis der großen Havanna-Familie seit 1980 wiedergefunden. Ihre Palette ist im großen und ganzen reich und gut bestückt, mit erdig-würzigen Aromen; ein Geschmack, der vor allem die gefestigten Liebhaber bezaubert, aber auch dem Anfänger unvergeßliche Augenblicke bereiten kann.

Glanzstück des Angebots ist ohne Zweifel die Prominente – diese Double Corona im Halbrad ist ein Meisterwerk –, aber der Hofstaat dieses Kaisers ist ebenfalls respektabel mit der Série A, einer Gran Corona im Freischütz-Stil, der Regios, einer Robusto, die den Hofnarren mimt, und der Coronas, im Spielmannston.

PROMINENTE (Double Corona)
Schwierig zu finden aufgrund einer eingeschränkten Produktion, ist die Prominente eine fleischige und ergiebige Havanna. Der Zugang wird durch ihren Durchmesser erleichtert, besonders die ersten Züge des herrlichen Drittels kleiden den Gaumen mit großzügigem und vollem Aroma aus, das sich zu erdig-kräftigem Körper entwickelt. Stark und sehr dicht, ist sie eine Zigarre für ausgesprochene Kenner.

CORONAS (Corona)
Diese gut verarbeitete Zigarre ist vielen anderen Coronas deutlich überlegen. Sie ist deswegen so originell, weil ihre erdigen Werte ins Säuerliche übergehen. Ihre gute Haltung im Mund ermöglicht es, den dichten Rauch genüßlich zu kosten, dabei schöpft jeder Zug den Geschmack der Zigarre voll aus, ohne daß man besonders stark ziehen müßte.

106

CHURCHILLS (Churchill)
Genußvoll und wenig aggressiv hebt sich diese Churchill von ihren Artgenossen durch die Milde ihres Aromas ab, das zwischen Wald und Honig, mit einer angenehmen Gewürzprise, siedelt. Als Freund guter Küche erreicht sie ihre volle Entfaltung, wenn sie rustikale Gerichte und besonders die traditionsreichen aus dem Südosten Frankreichs begleitet.

SÉRIE A (Gran Corona)

Rund im Mund und gut ausgewogen, entfaltet die Série A eine verzaubernde Mischung animalischer und pflanzlicher Wohlgerüche – Moschus und sommerliches Gehölz –, dann erschließt sie großzügiges und sich selbst entwickelndes Aroma. Die Linie des Aromas entspringt somit einem holzigen Register, folgt dann stärker der Honigrichtung und endet in gehobener Form, mit warmen, exotischen Nuancen. Unbestreitbar verführerisch.

REGIOS (Robusto)

Eine prächtige Robusto mit köstlichem Schokoladen- und Lebkuchenduft. Lang im Mund, setzt sie dem Gaumen auf sehr vorsichtige Weise ihr mildes und fettes Aroma auf. Ihr regelmäßiger Abbrand betont diese Fülle und macht sie so zu einer angenehmen Zigarre, ob sie nun zu Tisch gereicht wird oder den Abend beschließt.

LONSDALES (Lonsdale)

Zurückhaltend bis distanziert – wenigstens im Erscheinungsbild – drückt diese opulente Havanna ihre Vitalität in einem trockenen, reichen Geschmack aus. Ihr rustikaler Duft offenbart einen entfernten Anflug von Kräutern und Erde. Es ist eine seltsame Mischung erdig-säuerlicher Noten, die ihren Reiz ausmacht. Nicht für jeden Gaumen geeignet.

Figurados

Unter diesem Namen werden sehr unterschiedliche Formate zusammengefaßt, deren einzige Gemeinsamkeit darin besteht, daß ihr Kopf sich wie ein Flaschenhals verengt (die Presidentes von Partagas ist sogar an beiden Enden kegelförmig). Aus dieser ungleichmäßigen Gruppe hebt sich besonders die Torpedo hervor – auch Elefantenfuß oder Pyramide genannt –, die etwa 14 bis 15 cm lang und 2 cm breit ist. Montecristo hat mit der No 2 den Erfolg dieses Formates eingeleitet und damit H. Upmann, Bolivar und Sancho Panza den Weg bereitet, deren Zigarren, vielleicht etwas kürzer, von Liebhabern deshalb nicht weniger geschätzt werden. Die Torpedo hat etwas Bedingungsloses, das maßvoll die schöne Gefühlsentwicklung unterstützt: vom Komfort der ersten Augenblicke bis zur vollen Entfaltung der «großen Überfahrt», vor dem Feuerwerkfinale, das in einen Wirbel von Kraft und Großzügigkeit abtaucht. Die ausgefallene Machart ist es, die diesem Format das i-Tüpfelchen verleiht, da das verengte Kopfende als Aromaverstärker dient. Aus diesem Grunde sind die Anhänger des Formates immer Geschmacksfanatiker, die die Überfülle an Duft und Genuß suchen – ein Zug, den sie mit den Liebhabern der Robustos und Doppel-Coronas teilen.

Links im Bild:
Celestiales Finos von Romeo y Julieta (Perfecto),
Belicosos Finos von Bolivar (Torpedo),
Figurado von Cohiba (Torpedo),
Upmann No 2 (Torpedo).

Rechts im Bild:
Montecristo No 2 (Torpedo),
Belicosos von Sancho Panza (Torpedo),
Presidentes von Partagas (Perfecto).

Sancho
Panza

Diese alte kubanische Marke, die bei den Havanna-Liebhabern noch einen sehr guten Ruf genießt, bietet eine gut ausgewogene Palette an, darunter eine Churchill (Coronas Gigantes), eine Lonsdale (die Molinos), eine Especial (die Sanchos) und eine Figurado (die Belicosos). Diese Formate werden von kleineren Größen begleitet, die das Angebot ausgezeichnet ergänzen.

Der Erfolg von Sancho Panza liegt ohne Zweifel in dem eleganten, raffinierten Stil der milden und aromatischen Mischungen, die nicht anders können, als ein breites Publikum zu bezaubern.

BELICOSOS (Figurado)

Lassen Sie sich nicht durch ihr Äußeres täuschen: Auch wenn die Torpedos berüchtigt sind für ihre Stärke, so entwickelt sich die Belicosos in einem milden und leichten Spektrum. Dies macht sie zu einer ausgezeichneten Einstiegszigarre für dieses Format. Sehr deutlich im Gaumen, doch niemals aggressiv – trotz vollen, großzügigen Geschmackes –, erlaubt sie es, ihren ganzen Charme und ihre Heiterkeit zu genießen.

SANCHO PANZA
HABANA
MARCA REGISTRADA
GRAN FABRICA DE TABACOS
DE
CUESTA y CIA.

MADE IN CUBA

CORONAS GIGANTES (Churchill)

Ihre Feinheit, die relative Milde und das fein strukturierte Aroma machen sie zu einer aus der Reihe tanzenden Churchill. Ganz in Harmonie, behauptet sich die Coronas Gigantes in der Tat als die raffinierte Verwirklichung starken Geschmackes und leicht betörenden Duftes, die schon seit langem die feinsten Gaumen erobert haben. Bemerkenswert!

CORONAS (Corona)

Wenn Sancho Panza von Corona spricht, dann offensichtlich in der Absicht, sein Angebot zu vervollständigen, anders gesagt, eine Zigarre zu entwickeln, die in der Linie des Hauses liegt. Dies ist gelungen ... Zu bemerken übrigens: die gut gemachte Einlage die ein langsames und angenehmes Rauchen begünstigt.

MOLINOS (Lonsdale)
Diese Molinos ist ein Gentleman. Ihr diskreter, fast flüchtiger Duft stuft sie auf den ersten Blick unterhalb ihrer Fähigkeiten ein. Aber wie ein Aristokrat mit großem Herzen gibt sie bald ihr volles Aroma frei, geschmeidig und mit einem Hauch Karamel, bevor sie dank eines ausgezeichneten Brandes ein schön gerbstoffreiches Finale einleitet. Sanfter und raffinierter Charmeur.

SANCHOS (Especial)
Ihr imposantes Äußeres – über 23 cm Länge – könnte zu einem Irrtum verleiten: Weder ist sie stark noch aggressiv. Dieser Riese ist voller Milde und Leichtigkeit, mit einem pflanzlichen und blumigen Drittel, und ab dem herrlichen mit cremigem, waldigem Körper bisweilen etwas fern, aber von großer Raffinesse. Das letzte Drittel verkündet ein leichtes Crescendo. Sehr deutlich richtet sich die Sanchos jedoch nicht an den Erstbesten, schon allein, weil man bis zu drei Stunden rechnen muß, um sie zu rauchen.

NON PLUS (Petit Corona)
Diese Petit Corona verführt zuerst durch ihre holzige Note, frei von Würze. Ohne stark zu sein, prägt sie den Gaumen sehr schön, die Qualität und die Beschaffenheit ihrer Mischung begünstigen einen ausgezeichneten Brand. Sie ist zum Clan der großen Tageszigarren zu zählen.

BACHILLERAS (Très Petit Corona)
Natürlich kann diese Très Petit Corona nicht mit ihren größeren Schwestern konkurrieren, was die Stärke und Großzügigkeit betrifft. Dies hält sie aber nicht davon ab, sich sehr sympathisch zu zeigen, in einem blumig-zuckerigen Register, das gut mit einer kalten Platte harmoniert. Havanna zu Kaffee und Croissant, damit der Tag gut beginnt.

Sancho Panza   113

Cigarritos und Panetelas

*D*ie Cigarritos sind die kleinsten und feinsten handgefertigten Zigarren (10 bis 11 cm lang mit 1,2 bis 1,3 cm Durchmesser). Sie sind die Freude derer, die keine Zeit haben, ein größeres Format zu rauchen – ihre Branddauer überschreitet kaum 15 min, und sie werden ebenfalls sehr von Frauen geschätzt, die einem größeren Format gegenüber oft zurückhaltend sind.

Das Maß der Panetelas beträgt 10 bis 17 cm Länge bei einem mittleren Durchmesser von 1 cm. Es sind elegante Zigarren – auch sie von weiblichen Havanna-Liebhabern geschätzt –, die aber auch Raucher anderer Formate bezaubern. Ihre Leichtigkeit verziert gelegentlich den Aperitif oder den Kaffee.

Links im Bild:
Panetelas von Rafael Gonzales,
Médaille d'Or No 4 von La Gloria Cubana,
Médaille d'Or No 3 von La Gloria Cubana,
Slenderellas von Rafael Gonzalez,
Demi-tasse von Rafael Gonzalez.

Rechts im Bild:
Exquisitos von Cohiba,
Panetela Superba von Juan Lopez,
Cigarritos von Rafael Gonzalez,
Panetelas von Cohiba,
Elegantes von El Rey del Mundo,
Demi-tasse von El Rey del Mundo.

Andere Provenienzen

*N*iemals zuvor hat die Zigarrenwelt soviel Bewegung erfahren wie nun, an der Schwelle zum 21. Jahrhundert. Wenn man auch mehrere Gründe für diese Erscheinung vorbringen könnte, so zeigt sich doch, daß die Tabakproduzenten aus Jamaika, aus Honduras oder Santo Domingo einen für diese Entwicklung nicht unerheblichen Beitrag geleistet haben. In der Tat haben diese Länder ihre Produkte sehr verbessert, sowohl in der Fertigung als auch in der Qualität der Mischung.

*W*eit entfernt ist uns jedoch der Gedanke zu vergleichen, was unvergleichlich ist: Wir werden uns also hüten, eine honduranische oder eine dominikanische Zigarre an dem Anspruch einer kubanischen zu messen, da ja auch die Havannas selbst beachtliche Unterschiede aufweisen. Schließlich, wenn letztere ihre Eigenarten – und die Gunst der Puritaner – bewahren, wäre es ungerecht, andere Produktionen, die bereits bewiesen haben, daß sie ebenfalls Lob verdienen, mit Schweigen zu übergehen.

Gegenüber:
Sélection des Sélections Gérard Père et Fils, gefertigt aus Tabaken unterschiedlicher Herkunft.
Folgende Seiten:
Dunhill Romanas und Samanas,
Arturo Fuentes Corona und Double Corona (gefertigt in Santo Domingo).

Entschwunden und verschollen

*S*ie waren die Freude mehrerer Generationen von Havanna-Liebhabern. Ihr Ruf war auch weit über die Grenzen ihres Herkunftslandes hinausgegangen, insbesondere nach Nordamerika und Europa. Sie hießen Henry Clay (Seiten 122–123, 25 Diamantinos in ihrer Glashülse konserviert), La Corona – den gleichen Namen trägt die heute noch tätige Fabrik (Seite 121, 25 Coronas), Maria Guerrero (Seite 120, 25 Cedros de Luxe No 2), Cabanas y Carbajal, Villar y Villar und, uns näherstehend, Don Candido, Don Alfredo und viele mehr, die heute verschwunden sind.

*A*us einleuchtenden Gründen ist das Beschreiben ihrer Aromen unmöglich zu bewerkstelligen; sagen wir, daß sie an den Geschmack ihrer Zeit angepaßt waren. Wie dem auch sei, die vereinzelten Kisten, die uns geblieben sind, werden mit demselben Respekt und derselben Achtung behandelt wie echte Kunstwerke.

LA ESCEPCION

ERO

LA CORONA   CORONAS

HABANA

25 · MONARCHS · 25

OMEO Y JULIETA

25 Petit Prince

HECHO A MANO

LA ESCEPCIO

25-CORONAS MAJOR·25

Vergessene Größen

Sie hatten ihre glorreiche Stunde bereits hinter sich, noch bevor ihr Ruf sich zugunsten irgendeines Rivalen verwischte... Dann und wann findet man sie trotzdem wieder, auf Umwegen, etwas einsam in ihrem Humidor, als ob die Vergessenheit, in der sie von nun an gehalten werden, schwer auf ihnen lastete, und doch waren sie einst das Glück der Liebhaber gewesen.

Auf der Visitenkarte dieser vernachlässigten Stars kann man lesen: Gispert (Petit Coronas de Luxe, nebenstehend und S. 126), Por Larranaga (Coronas, nebenstehend und S. 126), José Gener La Escepción (Longos, S. 121 und S. 127), oder auch Diplomaticos (No 1 und No 6, nebenstehend und S. 127) – letzteres Haus besteht im Schatten von Montecristo fort, von dem es eine Unterabteilung geworden ist.

Schließlich wollen wir jene anführen, deren einzigartiges Format – ein aus drei geflochtenen Zigarren bestehendes Bündel – sie in den Rang der seltenen Stücke erhebt und die man Culebras nennt (bei Partagas und Romeo y Julieta, nebenstehend und S. 127).

Zigarren-legenden

Wenn es auch sicher unbestreitbar ist, daß die großen Marken vieles dazu beigetragen haben, der Welt die vielseitige Schönheit der Zigarre zu enthüllen, so ist es ebenso wahr, daß dieses edle Produkt vor allem Ergebnis der – oft verbissenen – Arbeit unersetzlicher Menschen ist, die das Universum Zigarre aufgebaut haben – oder noch aufbauen.

Ob sie nun im Herzen der Plantagen stehen, das Hemd an der Haut klebend vom Schweiß der Erntetage, oder im Geheimsten der Fabriken dabei sind, kostbare Mischungen zu kreieren – alle sind sie ihrem Produkt treu ergebene Handwerker. Ohne sie wäre die Geschichte dieses Produktes ganz anders. Wollen wir also diesen großen Herren huldigen, die da heißen: Don Jaime Partagas, Alfred Dunhill oder Zino Davidoff, aber auch allen jenen, die in deren Schatten – jeder auf seine Weise – dazu beigetragen haben, diese Leidenschaft zu teilen.

Folgende Seiten:
Davidoff Aniversario,
Dunhill Don Candido,
Havana Club und Estupendo.

ONE HAVANA CLUB CIGAR · MADE IN HAVANA CUBA

Gesuchte Raritäten

Wenn die verschwundenen Zigarren der Definition nach nicht mehr geraucht werden können, so gibt es aber noch andere, zu den Raritäten zählende, die man erfreulicherweise noch kosten kann ... sollte man sie auftreiben können!

Ob sie nun in Havanna entworfen wurden, zu ganz speziellen Anlässen (wie die Torpedos von Cohiba, S. 134, oder die Clos Vougeot Figurados, im Einzelkistchen angeboten, S. 136), ob sie in alten Kisten angeboten werden (wie die Montecristo B) oder nach exklusiver Art gefertigt wurden (wie die 25 Especiales Gérard Père et Fils Sélection des Sélections, S. 140), diese Wunder, die die Zeit mit einem Hauch von Träumen bedeckt hat, sind die Freude der leidenschaftlichen Zigarrenliebhaber ... und der Sammler.

Gegenüber:
Partagas Palmas Reales Cristal Tubos.

Außer Programm

*I*n sehr streng limitierten Serien herausgegeben, sind diese Zigarren alle Sammlerstücke, deren Schönheit, Noblesse und Qualität die Keller der Liebhaber bereichern. Einige von ihnen sind in der Tat wahre Kunstwerke, die heiß begehrt werden.

*D*ie Wahrheit ist, daß seit der Entdeckung durch Christoph Kolumbus im Jahre 1492 dieses großartige Produkt, der Tabak aus Havanna, innerhalb von fünf Jahrhunderten der Freund der Großen dieser Welt geworden ist. Oder einfacher, der Begleiter aller Feinschmecker, die gerne diese Gaumenfreuden teilen, das Vergnügen, einen einzigartigen Moment zu verleben, gastfreundlich und heiter, ohne vom köstlichen Taumel bei jedem Rauchzug zu sprechen ...

Von oben nach unten und von links nach rechts:
1492 (Corona), zum 500jährigen Jubiläum der Entdeckung Kubas; Sélection Gérard Père et Fils (Figurados nach alter Art), Zigarren aus dem Verkauf bei Sotheby's 1994; Clos Vougeot (Figurado) in der Einzelschachtel; Especial, ausgewählt für den Club des Parlementaires (1990); gleiches Modell für die Nacht der Havanna (Monte-Carlo); Humidor mit 50 Gran Coronas zur 150-Jahr-Feier des Hauses H. Upmann.

Epilog

*W*ie alle großen Reisen – im Sinne von Entdeckungen, Bereicherungen und Entwicklung –, so könnte jene, die uns an die Grenzen der Welt der Havanna geführt hat, ins Unendliche fortgesetzt werden: Es würde sicher nicht am Stoff fehlen. Aber wir wollen vernünftig bleiben und den vorliegenden Band mit der Andacht eines letzten Rauchzuges schließen ...

*D*ennoch wollen wir es nicht versäumen, respektvoll – um nicht zu sagen dankbar, ja freundschaftlich – alle jene anzuführen, die im Vorfeld unserer eigenen Arbeit pflanzen, bestellen, behandeln, ernten, verarbeiten, mischen, gestalten, fertigen ... kurz, diesen phantastischen Havannas auf die Welt helfen, die dann unser Glück bedeuten. Ohne die Gewissenhaftigkeit, die Geschicklichkeit, manchmal auch den Mut der *Vegueras* und der *Torcederos* gäbe es uns einfach nicht.

*A*uch jene wollen wir nicht vergessen, die seit Jahren die große Familie der Havannafreunde bilden – diese neugierigen und aufmerksamen Liebhaber, deren wahres Talent die Professionellen immer wieder anspornt, sich zu verbessern, sich stets zu erneuern.

Gegenüber:
Sélection des Sélections Gérard Père et Fils,
Especial in der Kabinettkiste
(Sonderausgabe).

Folgende Seiten:
Sammlerstücke aus dem Hause
Gérard Père et Fils.

Ihr Vertrauen, ihre Leidenschaft für dieses edle Produkt Havanna, aber auch der Scharfsinn ihrer Bemerkungen sind sicherstes Triebmittel unseres Erfolges, denn, weit davon entfernt, uns auf gelegentliche Ratschläge zu beschränken, besteht unsere Aufgabe vor allem darin, zu verstehen, zu erraten, um so auch besser wahrzunehmen, welches die Erwartungen der zukünftigen Generationen sein werden.

Zum Schluß erlauben Sie uns, daran zu erinnern, daß ein solches Werk – das sich nur als Hommage an das Allerheiligste der Zigarre verstehen läßt – niemals das Tageslicht erblickt hätte ohne eine beständige Familienarbeit, zu der alle gleich viel beigetragen haben. Unser Vater sicherlich, aber auch wir alle, die wir uns darum bemüht haben, das, was er uns beibrachte, bestmöglich weiterzuvermitteln – das nämlich, was heute buchstäblich in unseren Adern fließt: der Sinn für höchste Qualität, für das Beste vom Besten (für die Sélection des Sélections).

VAHÉ GÉRARD

Index

Arturo Fuentes 116, 119
Bachilleras (Sancho Panza) 91, 113
Belicosos (Sancho Panza) 109, 112
Belicosos Finos (Bolivar) 15, 108
Black Prince (Punch) 72
Bolivar 12–16
- Belicosos Finos 15, 108
- Coronas Extra 15, 53
- Coronas Gigantes 14, 34
- Especiales 14, 102
- Gold Medal 15, 42
- Inmensas 14
- Lonsdales 15
- Petit Coronas 14, 80
- Royal Corona 14, 68
Cabanas y Carbajal 120
Cazadores (Romeo y Julieta) 98
Cedros de Luxe (Romeo y Julieta) 43, 60, 80, 100, 101
Celestiales Finos (Romeo y Julieta) 99, 108
Choix Suprême (El Rey del Mundo) 68, 94
Churchills 34–35
- 8-9-8 Cabinet Selection Varnished 88
- Churchills (Hoyo de Monterrey) 34, 38
- Churchills (Punch) 35, 75
- Churchills (Romeo y Julieta) 35, 100
- Churchills (Saint Luis Rey) 34, 106
- Churchills de Luxe (Partagas) 35, 64
- Clemenceaus (Romeo y Julieta) 101
- Coronas Gigantes (Bolivar) 14, 34
- Coronas Gigantes (Sancho Panza) 35, 112
- Diademas (La Flor de Cano) 28, 34
- Esplendidos (Cohiba) 21, 34
- Imperiales (Quai d'Orsay) 78
- Médaille d'Or No 2 (La Gloria Cubana) 33
- Monarcas (Punch) 73
- Monarchs (H. Upmann) 34, 35, 47
- Prince of Wales (Romeo y Julieta) 35, 100
- Sir Winston (H. Upmann) 34, 46
- Tainos (El Rey del Mundo) 35, 95
- Tainos (La Gloria Cubana) 30, 35
Cigarritos 114–115
- Cigarritos (Rafael Gonzalez) 115
- Demi-tasse (El Rey del Mundo) 115
- Demi-tasse (Rafael Gonzalez) 114
- Exquisitos (Cohiba) 115
Clemenceaus (Romeo y Julieta) 101
Cohiba 18–23
- Coronas 20
- Coronas Especiales 20
- Esplendidos 21, 34
- Exquisitos 21, 115
- Figurado 108
- Lanceros 20, 102
- Panetelas 115
- Robustos 20, 69
- Siglo I 22, 91
- Siglo II 22, 81
- Siglo III 23, 61
- Siglo IV 23, 52
- Siglo V 22, 43
Connoisseur No 1 (H. Upmann) 46
Coronas 60–61
- 8-9-8 Cabinet Selection (Ramon Allones) 60, 88
- Cedros de Luxe No 2 (Romeo y Julieta) 60, 101
- Coronas (Cohiba) 21
- Coronas (El Rey del Mundo) 95
- Coronas (Juan Lopez) 50, 60

- Coronas (Partagas) 60, 67
- Coronas (Punch) 61, 74
- Coronas (Quai d'Orsay) 61, 79
- Coronas (Ramon Allones) 61, 89
- Coronas (Romeo y Julieta) 61
- Coronas (Saint Luis Rey) 60, 106
- Coronas (Sancho Panza) 60, 112
- Coronas Especiales (Cohiba) 20
- Crystales (H. Upmann) 60
- Especiales No 2 (Montecristo) 57
- Le Hoyo du Roi (Hoyo de Monterrey) 40
- Montecristo No 3 57, 61
- Série du Connaisseur No 2 (Partagas) 64
- Siglo III (Cohiba) 23, 61
Coronas (La Flor de Cano) 28
Coronas Especiales (Cohiba) 20
Coronas Extra (Bolivar) 15, 34, 53
Coronas Extra (Rafael Gonzalez) 53, 85
Coronas Gigantes (Bolivar) 14, 34
Coronas Gigantes (Ramon Allones) 24, 88
Coronas Gigantes (Sancho Panza) 35, 112
Crystales (H. Upmann) 60
Davidoff, Zino 129
Diademas (La Flor de Cano) 28, 34
Diademas Extra (Punch) 17, 74
Diplomaticos 125
Don Alfredo 120
Don Candido 120
Doubles Coronas 24–25
- Coronas Gigantes (Ramon Allones) 24, 88
- Double Coronas (Hoyo de Monterrey) 24, 38
- Double Coronas (Punch) 24, 73
- Lusitanias (Partagas) 24, 67
- Prominente (Saint Luis Rey) 24, 104
Dunhill, Alfred 129
- Romanas 116, 118
- Samanas 116, 118
El Rey del Mundo 92–95
- Choix Suprême 68, 94
- Coronas 95
- Demi-tasse 115
- Elegantes 115
- Gran Coronas 52, 95
- Grandes de España 94, 103
- Lonsdales 43, 94
- Panetelas 95
- Tainos 35, 95
Elegantes (El Rey del Mundo) 115
Epicure (Hoyo de Monterrey) 39
Especiales 16–17
- Diademas Extra (Punch) 17, 74
- Fabulosos (Romeo y Julieta) 17, 101
- Montecristo A 17, 58
- Particulares (Hoyo de Monterrey) 17, 38
- Sanchos (Sancho Panza) 17, 113
Especiales (Bolivar) 14, 102
Especiales (Montecristo) 57, 59, 103
Esplendidos (Cohiba) 34
Exhibición (Romeo y Julieta) 53, 68, 98, 99
Exquisitos (Cohiba) 21, 115
Fabulosos (Romeo y Julieta) 17, 101
Figurados 108–109
- Belicosos (Sancho Panza) 109, 112
- Belicosos Finos (Bolivar) 15, 108
- Celestiales Finos (Romeo y Julieta) 99, 108
- Figurado (Cohiba) 108
- Presidentes (Partagas) 109
- Upmann No 2 (H. Upmann) 47, 108
- Montecristo No 2 59, 109
Flor de Cano siehe **La Flor de Cano**
Gérard Père et Fils, Sélection des

Sélections 116, 117, 138
Gispert 125
Gloria Cubana siehe **La Gloria Cubana**
Gold Medal (Bolivar) 15, 42
Gran Corona (La Flor de Cano) 29
Gran Coronas 52–53
- 8-9-8 Cabinet Sélection (Partagas) 52, 66
- Black Prince (Punch) 72
- Cazadores (Romeo y Julieta) 98
- Coronas Extra (Bolivar) 15, 53
- Coronas Extra (Rafael Gonzalez) 53, 85
- Epicure No 1 (Hoyo de Monterrey) 39
- Exhibición No 3 (Romeo y Julieta) 53, 99
- Gran Corona (La Flor de Cano) 29
- Gran Coronas (El Rey del Mundo) 52, 95
- Grand Coronas (Quai d'Orsay) 53, 79
- Le Hoyo du Député (Hoyo de Monterrey) 41
- Magnum (H. Upmann) 46
- Punch-Punch de Luxe 53, 74
- Royal Selection No 11 (Punch) 72
- Selección No 1 (Juan Lopez) 50
- Série A (Saint Luis Rey) 52, 107
- Siglo IV (Cohiba) 23, 52
- Super Coronas (H. Upmann) 47, 52
- Super Selection No 2 (Punch) 75
Gran Panetelas 102–103
- Especiales (Bolivar) 14, 102
- Especiales (Montecristo) 59, 103
- Grandes de España (El Rey del Mundo) 94
- Lanceros (Cohiba) 20, 102
- Médaille d'Or No 1 (La Gloria Cubana) 32, 103
- Série du Connaisseur No 1 (Partagas) 65
- Grandes de España (El Rey del Mundo) 94, 103
Henry Clay 120
Hoyo de Monterrey 36–41
- Churchills 34, 38
- Double Coronas 24, 38
- Epicure No 1 39
- Epicure No 2 39
- Le Hoyo des Dieux 41
- Le Hoyo du Député 41
- Le Hoyo du Gourmet 40
- Le Hoyo du Prince 41
- Le Hoyo du Roi 40
- Particulares 17, 38
- Short Coronas 39, 81
8-9-8 Cabinet Selection (Ramon Allones) 60, 88
8-9-8 Cabinet Sélection (Partagas) 52, 66
H. Upmann 44–47
- Connoisseur No 1 46
- Crystales 60
- Magnum 46
- Monarchs 34, 35, 47
- Sir Winston 34, 46
- Super Coronas 47, 52
- Upmann No 2 47, 108
Imperiales (Quai d'Orsay) 78
Inmensas (Bolivar) 14
José Gener La Escepción 125
Juan Lopez 48–51
- Coronas 50, 60
- Panetela Superba 50, 115
- Patricias 51, 91
- Petit Coronas 51
- Selección No 1 50
- Selección No 2 51
La Corona 120
La Flor de Cano 26–29
- Coronas 28
- Diademas 28, 34

- Gran Corona 29
- Short Churchills 29
La Gloria Cubana 30–33
- Médaille d'Or No 1 32, 103
- Médaille d'Or No 2 33
- Médaille d'Or No 3 33, 114
- Médaille d'Or No 4 32
- Tainos 30, 35
Le Hoyo (Hoyo de Monterrey) 40-41
Lonsdales 42–43
- Cedros de Luxe No 1 (Romeo y Julieta) 43, 100
- Gold Medal (Bolivar) 15, 42
- Inmensas (Bolivar) 15
- Lonsdales (Bolivar) 15, 42
- Lonsdales (El Rey del Mundo) 43, 94
- Lonsdales (Partagas) 42, 67
- Lonsdales (Rafael Gonzalez) 43, 85
- Lonsdales (Saint Luis Rey) 42, 107
- Molinos (Sancho Panza) 43, 113
- Montecristo No 1 42, 58
- Partagas de Partagas No 1 42, 64
- Siglo V (Cohiba) 22, 43
- Super Selection No 1 (Punch) 73
Lusitanias (Partagas) 24, 67
Magnum (H. Upmann) 46
Maria Guerrero 120
Médaille d'Or (La Gloria Cubana) 32, 33, 103, 114
Molinos (Sancho Panza) 43, 113
Monarcas (Punch) 73
Monarchs (H. Upmann) 34, 35, 47
Montecristo 55–59
- A 17, 58
- B 57
- Especiales 59, 103
- Especiales No 2 57
- No 1 42, 58
- No 2 59, 109
- No 3 57, 61
- No 4 56, 81
- No 5 56, 90
Ninfas (Punch) 72
Non Plus (Sancho Panza) 81, 113
Panetelas 114–115
- Elegantes (El Rey del Mundo) 115
- Exquisitos (Cohiba) 21
- Le Hoyo du Gourmet (Hoyo de Monterrey) 40
- Médaille d'Or No 3 (La Gloria Cubana) 33, 114
- Médaille d'Or No 4 (La Gloria Cubana) 32
- Ninfas (Punch) 72
- Panetela Superba (Juan Lopez) 50, 115
- Panetelas (Cohiba) 115
- Panetelas (El Rey del Mundo) 95
- Panetelas (Rafael Gonzalez) 114
- Slenderellas (Rafael Gonzalez) 84, 114
Partagas 62–67
- 8-9-8 Cabinet Sélection 52, 66
- 8-9-8 Cabinet Sélection Varnished 66
- Churchills de Luxe 35, 64
- Coronas 60, 67
- Lonsdales 67
- Lusitanias 24, 67
- Partagas de Partagas No 1 42, 64
- Petit Corona 67
- Presidentes 109
- Série D No 4 65, 69
- Série du Connaisseur No 1 65
- Série du Connaisseur No 2 64
- Série du Connaisseur No 3 64
- Shorts 65, 90
Partagas, Don Jaime 129
Particulares (Hoyo de Monterrey) 17, 38

Patricias (Juan Lopez) 51, 91
Petit Lonsdales (Rafael Gonzalez) 85
Petit Prince (Romeo y Julieta) 91, 98
Petits Coronas 80–81
- Cedros de Luxe No 3 (Romeo y Julieta) 80, 101
- Coronas (La Flor de Cano) 28
- Le Hoyo du Prince (Hoyo de Monterrey) 41
- Montecristo B 57
- Montecristo No 4 56, 81
- Non Plus (Sancho Panza) 81, 113
- Petit Corona (Partagas) 67
- Petit Coronas (Bolivar) 14, 80
- Petit Coronas (Juan Lopez) 51
- Petit Coronas (Punch) 75
- Petit Coronas (Rafael Gonzalez) 80, 84
- Petit Coronas (Ramon Allones) 81, 89
- Petit Lonsdales (Rafael Gonzalez) 85
- Royal Selection No 12 (Punch) 72
- Série du Connaisseur No 3 (Partagas) 64
- Short Coronas (Hoyo de Monterrey) 39, 81
- Siglo II (Cohiba) 22, 81
- Très Petit Coronas (Romeo y Julieta) 99
Presidentes (Partagas) 109
Prince of Wales (Romeo y Julieta) 35, 100
Por Larrañaga 125
Prominente (Saint Luis Rey) 24, 104
Punch 71–75
- Black Prince 72
- Churchills 35, 75
- Coronas 61, 74
- Diademas Extra 17, 74
- Double Coronas 24, 73
- Monarcas 73
- Ninfas 72
- Petit Coronas 75
- Petit Punch 75
- Punch-Punch de Luxe 53, 74
- Royal Selection No 11 72
- Royal Selection No 12 72
- Super Selection No 1 73
- Super Selection No 2 75
Quai d'Orsay 76–79
- Coronas 61, 79
- Grand Coronas 53, 79
- Imperiales 78
Rafael Gonzalez 82–85
- Cigarritos 115
- Coronas Extra 53, 85
- Demi-tasse 114
- Lonsdales 43, 85
- Panetelas 114
- Petit Coronas 80, 84
- Petit Lonsdales 85
- Slenderellas 84, 114
- Très Petit Lonsdales 84, 90
Ramon Allones 86–89
- 8-9-8 Cabinet Selection 60, 88
- 8-9-8 Cabinet Selection Varnished 88
- Coronas 61, 89
- Coronas Gigantes 24, 88
- Petit Coronas 81, 89
- Small Club 89, 91
- Specially Selected 69, 89
Regios (Saint Luis Rey) 68, 107
Rey del Mundo *siehe* **El Rey del Mundo**
Robustos 68–69
- Choix Suprême (El Rey del Mundo) 68, 95
- Connoisseur No 1 (H. Upmann) 46
- Epicure No 2 (Hoyo de Monterrey) 39
- Exhibición No 4 (Romeo y Julieta) 68, 98
- Regios (Saint Luis Rey) 68, 107

- Robustos (Cohiba) 20, 69
- Royal Corona (Bolivar) 14, 68
- Selección No 2 (Juan Lopez) 51
- Série D No 4 (Partagas) 65, 69
- Short Churchills (La Flor de Cano) 29
- Specially Selected (Ramon Allones) 69, 89
Romeo y Julieta 97–101
- Cazadores 98
- Cedros de Luxe No 1 43, 100
- Cedros de Luxe No 2 60, 80, 101
- Cedros de Luxe No 3 101
- Celestiales Finos 99, 108
- Churchills 35, 100
- Clemenceaus 101
- Coronas 61
- Exhibición No 3 53, 99
- Exhibición No 4 68, 98
- Fabulosos 17, 101
- Petit Prince 91, 98
- Prince of Wales 35, 100
- Très Petit Coronas 90, 99
Royal Corona (Bolivar) 14, 68
Royal Selection (Punch) 72
Saint Luis Rey 104–107
- Churchills 34, 106
- Coronas 60, 106
- Lonsdales 42, 107
- Prominente 24, 104
- Regios 68, 107
- Série A 52, 107
Sancho Panza 110–113
- Bachilleras 91, 113
- Belicosos 109, 112
- Coronas 60, 112
- Coronas Gigantes 35, 112
- Molinos 43, 113
- Non Plus 81
- Sanchos 17, 113
Sanchos (Sancho Panza) 17, 113
Selección (Juan Lopez) 50, 51
Série A (Saint Luis Rey) 52, 107
Série D No 4 (Partagas) 65, 69
Série du Connaisseur (Partagas) 64, 65
Short Churchills (La Flor de Cano) 29
Short Coronas (Hoyo de Monterrey) 39, 81
Shorts (Partagas) 65, 90
Siglo (Cohiba) 22-23, 43, 52, 61, 81, 91
Sir Winston (H. Upmann) 34, 46
Slenderellas (Rafael Gonzalez) 84, 114
Small Club (Ramon Allones) 89, 91
Specially Selected (Ramon Allones) 69, 89
Super Coronas (H. Upmann) 47, 52
Super Selection (Punch) 73, 75
Très Petit Lonsdales (Rafael Gonzalez) 84
Très Petits Coronas 90–91
- Bachilleras (Sancho Panza) 91, 113
- Le Hoyo du Député (Hoyo de Monterrey) 41
- Montecristo No 5 90
- Patricias (Juan Lopez) 51, 91
- Petit Prince (Romeo y Julieta) 91, 98
- Petit Punch 75
- Shorts (Partagas) 65, 90
- Siglo I (Cohiba) 22, 91
- Small Club (Ramon Allones) 89, 91
- Très Petit Coronas (Romeo y Julieta) 90, 99
- Très Petit Lonsdales (Rafael Gonzalez) 84, 90
Tainos (El Rey del Mundo) 35, 95
Tainos (La Gloria Cubana) 30, 35
Très Petit Coronas (Romeo y Julieta) 99
Très Petit Lonsdales (Rafael Gonzalez) 90
Villar y Villar 120

Gérard

PÈRE ET FILS

GENÈVE

Noga Hilton - 19, quai du Mont-Blanc, 1201 Genève
Tél. 4122/732 65 11 - Fax 4122/738 64 73